AF470240

MANUEL HISTORIQUE

DES PEUPLES

ANCIENS ET MODERNES.

MANUEL HISTORIQUE
DES PEUPLES

ANCIENS ET MODERNES

POUR L'ENSEIGNEMENT PRIMAIRE ÉLÉMENTAIRE

ET L'ENSEIGNEMENT PRIMAIRE SECONDAIRE

Pour servir au Tableau synoptique du même Auteur

A L'USAGE DES ÉCOLES DE FRANCE

PAR

D. LÉVI ALVARÈS

Chevalier de la Légion d'honneur
Membre de plusieurs Sociétés savantes, Professeur d'Histoire et de Littérature
Fondateur des Cours d'Éducation maternelle.

eme.

PARIS
C. BORRANI, LIBRAIRE-ÉDITEUR
RUE DES SAINTS-PÈRES, 9

QUELQUES MOTS

SUR

L'ENSEIGNEMENT DE L'HISTOIRE.

AVANT-PROPOS DE LA PREMIÈRE ÉDITION EN 1823.

L'ENSEIGNEMENT élémentaire de l'histoire est nul en France ; c'est une affligeante vérité à faire connaître. Malgré le zèle de quelques savants professeurs qui s'efforcent de l'améliorer, on chercherait en vain un ouvrage méthodique sur cette branche d'instruction, où tous les hommes trouvent cependant des règles de conduite.

Quelques précis d'Histoire ancienne et d'Histoire de France courent çà et là dans les classes, mais ils ne se rattachent à aucun plan fixe : les élèves les apprennent par cœur, les récitent souvent avec une volubilité mécanique, et s'inquiètent peu de mettre de l'ordre dans les idées, d'enchaîner les faits, et de les étudier synchroniquement. Ils confondent les siècles, les évènements, les hommes; font vivre Alexandre-le-Grand avant Romulus, et Annibal du temps de Pharamond. Dans ce chaos, dans ce dédale de noms, de dates, de faits, la mémoire, accablée sous ce fatras indigeste, se fatigue, succombe ; de cette confusion naît le dégoût, du dégoût l'ennui et de l'ennui l'ignorance.

Il n'est pas inutile de le dire : c'est sur le talent des professeurs, des institutrices, que reposent les succès d'un enfant laborieux et bien organisé. Il faut savoir deux fois quand on enseigne : pour soi d'abord, et ensuite pour son élève. La science du professeur est plus difficile qu'on ne le pense ordinairement : il ne suffit pas de dire : *apprenez*, *répétez*, il faut que des questions adroites et pressantes fassent trouver la réponse désirée ; il faut, la craie à la main, rendre sensibles aux yeux les explications verbales; trouver des moyens ingénieux pour fixer tel ou tel évènement dans la mémoire, et posséder, avec assez d'étendue, les trois sciences qui servent de fondement à l'Histoire : la *géographie*, la *généalogie* et la *chronologie*. Voilà de grandes difficultés, sans doute; on ne les surmonte qu'à force de veilles et de travaux; mais c'est ainsi que l'on peut porter, sans usurpation.

le beau titre de professeur ; c'est ainsi que l'on remplit consciencieusement la fonction noble et délicate d'instruire son semblable. Nous devrions toujours penser que de nos talents, de la clarté et de la méthode de nos leçons, dépend, en grande partie, l'avenir d'un enfant. Quelle puissante raison pour méditer sur nos devoirs !

Voilà, dira-t-on, de graves réflexions pour un tout petit ouvrage. Cet ouvrage est peu important, sans doute, aux yeux du vulgaire, mais il acquerra quelque prix aux yeux de l'ami des enfants et du professeur sensé, car c'est vers l'amélioration de l'enseignement élémentaire que le philanthrope porte ses vues bienfaisantes. Dans sa sollicitude, il doit rechercher tout ce qui peut ouvrir à l'instruction une route nouvelle et sûre : c'est quand ses bases sont solides que le monument brave les injures du temps.

Quant à nous, nous consacrons tous nos instants à l'instruction de la jeunesse, et nous nous trouvons heureux quand nous pouvons lui offrir un nouveau tribut de nos veilles et de notre amitié. Après des essais nombreux, nous avons la ferme confiance que nos *Esquisses historiques* lui seront utiles. Avec notre *Histoire de France détaillée*, notre *Histoire Générale*, nos *Chroniqueurs*, notre *Histoire classique des Reines de France*, nos *Ephémérides classiques* et nos *Enigmes*, nous lui donnons un cours complet d'*Histoire.*

Puisse cette nouvelle publication enrichir la mémoire des élèves, en leur donnant des connaissances variées, former leur jugement en les habituant à réfléchir, et par conséquent contribuer à leur bonheur.

D. LÉVI ALVARÈS.

OBSERVATIONS.

Les succès qu'obtiennent les *Esquisses* depuis trente-deux ans, nous ont fait un devoir de corriger chaque édition nouvelle avec un soin tout particulier; nous les croyons aujourd'hui, plus dignes de la réputation dont elles jouissent dans l'enseignement; nous les avons mises au niveau des connaissances historiques et des révolutions qu'ont subies les peuples depuis quelques années. Nous ecevrons toujours avec reconnaissance les critiques qui nous seront adressées pour l'amélioration de cet ouvrage classique, utile aux gens du monde et à la jeunesse.

EXTRAIT DU RAPPORT

FAIT AUX CHEFS D'INSTITUTION

SUR LA MÉTHODE HISTORIQUE DE M. D. LÉVI,

PAR M. SABATIER,

POUVANT SERVIR DE GUIDE

Aux Instituteurs et aux Institutrices.

Ce n'est pas à vous, Messieurs, que j'essaierai d'exposer l'état de l'enseignement élémentaire de l'histoire dans les établissements de l'Université. Vous savez tous que cette branche si utile n'a présenté jusqu'ici, dans les écoles, que de bien faibles résultats. Vous êtes tous frappés du vague, du défaut d'étendue, et, j'ose le dire, du décousu des connaissances historiques d'un grand nombre de jeunes gens en sortant des bancs du collége. Rien n'est lié dans leur tête : les grands hommes, les évènements, les époques s'y trouvent pêle-mêle : à peine pourraient-ils vous dire si Alexandre vivait avant ou après Romulus !

A quoi faut-il attribuer cela ? N'est-ce pas au défaut total de méthode, au manque de liaison dans les différents degrés de l'enseignement de l'histoire. Tandis que les écoles de jeunes gens restent ainsi en arrière, déjà les meilleures institutions de demoiselles présentent, sous ce rapport, des résultats extraordinaires. Ces résultats, Messieurs, sont dus à l'excellente méthode de M. Lévi, dont je vais avoir l'honneur de vous exposer la marche ; je le ferai avec d'autant plus de facilité et d'assurance que je l'ai introduite dans mes classes, et que, conséquemment, elle n'est plus pour moi une simple théorie.

La méthode de M. Lévi s'adresse à tous les âges, à toutes les intelligences; elle prend l'enfant à six ans, et le conduit, par une série de développements successifs, jusqu'à la fin de ses études historiques. Le professeur fait précéder ses leçons d'histoire et de géographie de notions très simples de cosmographie, pour frapper dès l'abord l'imagination de l'enfant, et le faire arriver naturellement à *la terre,* qu'il divise en *trois mondes :* monde ancien, monde nouveau, monde maritime, et qu'il subdivise ensuite.

Ces premières connaissances suffisent à l'élève, qui va non-seulement peupler progressivement le globe, mais encore l'animer par de petites descriptions puisées dans les *faits;* c'est ainsi que dans cette méthode tout se lie, tout s'enchaîne naturellement et découle d'un principe fécond.

Les ouvrages de M. Lévi nous serviront de guide; ils se divisent en trois parties distinctes :

1. *Narrations orales,* ou histoires racontées;

2. *Esquisses historiques,* ou précis méthodiques de tous les peuples;

3. *Histoire des rois de France, celle des reines et régentes.*

PREMIÈRE PARTIE.

NARRATIONS ORALES.

M. Lévi avait jusqu'ici conseillé aux professeurs de faire verbalement le récit des *faits*, et de les présenter sous une forme dramatique; mais il a trouvé, avec raison, que dans une appréciation orale, mille considérations échappent aux enfants inhabiles ou inattentifs; il a donc adopté les *histoires racontées* de M. Lamé-Fleury, pour les études préparatoires jusqu'à l'âge de 11 ans, époque de la première communion. — Un style simple et naturel dans lequel, sous une forme dramatique, les récits sont présentés d'une manière intéressante, justifie le choix du professeur méthodiste; mais ce qui appartient en propre à M. Lévi, c'est le parti ingénieux qu'il a tiré de ces histoires, au moyen de tableaux historiques. — Laissons-le lui-même en faire ressortir l'utilité.

Le but des Tableaux est :

1° *D'habituer* l'Élève à *narrer méthodiquement* les faits de l'histoire qu'il étudie, d'après la nomenclature du sommaire des évènements :

2° *D'indiquer* la date et le siècle.

3° *De citer le personnage* dont on parle dans l'évènement, et succinctement ce qu'il *rappelle.*

4° *D'analyser les sentiments* qui ont fait agir les personnages et à quelle occasion.

5° *De faire remarquer les objets* sur lesquels l'attention s'est portée dans les évènements.

6° *De montrer sur la carte* ou de rappeler verbalement les *lieux* où se sont passés les évènements et la situation de ces lieux.

Travail : L'Instituteur, la Mère, ou le Père, après avoir fait *lire* un chapitre, le font analyser *verbalement* et par *écrit ;* c'est une excellente préparation aux compositions de style. — Les Élèves parlent ou écrivent comme ils peuvent ; *mal* d'abord, *mieux* ensuite, *bien* plus tard, quant cet exercice aura été réitéré et dirigé avec goût et talent.

Questions : On adresse ces questions : *Racontez cet évènement?* Que vous rappelle ce *personnage,* — ce *sentiment,* — cet *objet,* — cette *ville?* — Classez les *personnages* par lettre alphabétique, par syllabe, par siècle, etc. — A l'aide des évènements, on fait des lettres, des biographies, des énigmes, des pensées morales, des exercices sur les verbes, les attributs, les sujets, etc.

Résultat de la méthode : Toutes les notions sont rattachées à l'histoire, l'histoire est au service de la langue ; la langue, à son tour, est appliquée à l'éducation de l'esprit et du cœur.

Les histoires racontées ne s'apprendront jamais par cœur.

DEUXIÈME PARTIE.

Vous n'avez vu encore qu'une idée ingénieuse ; un procédé plutôt qu'une méthode ; c'est ici que commence la méthode d'histoire de M. Lévi ; elle est présentée dans deux ouvrages principaux dont nous allons donner l'analyse.

PREMIER OUVRAGE.

ESQUISSES HISTORIQUES.

Les premières pages sont consacrées aux *connaissances* que doit acquérir l'élève avant de commencer l'étude de l'histoire : l'origine et la formation des peuples et des états, celle des gouvernements ; les différentes sortes de gouvernements ; le but de l'histoire, ses divisions selon les différents points de vue sous lesquels on l'envisage, les sciences qui lui servent de fondement ; les ères des peuples, les différentes manières de diviser les peuples.

L'auteur conseille de faire marcher de pair les *Esquisses historiques* avec les *petites histoires*, et, dans ces *premières connaissances*, d'adresser de fréquents *pourquoi* aux enfants.

Toutes ces divisions doivent être représentées successivement et synoptiquement sur le tableau noir, afin que l'enfant saisisse facilement ; ce qui lui serait impossible, si le maître lui faisait apprendre par cœur ou lire simplement les explications que M. Lévi a données.

Viennent ensuite quelques notions préliminaires sur les premiers temps du monde. — De la création du monde au déluge. — Du déluge aux premiers peuples.

Toutes ces notions sont écrites avec beaucoup de clarté, et sont parfaitement accessibles à l'intelligence des enfants ; elles sont exposées dans une dizaine de pages, et forment une espèce d'introduction à l'ouvrage, qui, lui-même, comprend sept divisions.

Première division.

ÉCHELLE DES PEUPLES.

Cette échelle présente, dans leur ordre chronologique, les peuples anciens, ceux du moyen-âge et ceux de l'histoire moderne, avec seulement l'indication du siècle de la fondation et du nom du fondateur.

Cette première division, que l'auteur regarde avec raison comme la souche de l'histoire, doit être étudiée avec le plus grand soin, et répétée au commencement de chaque leçon, quel que soit le degré d'avancement des élèves : c'est un véritable *alphabet historique.* — On se sert à cet effet d'un tableau noir sur lequel sont tracées des lettres initiales destinées à rappeler les noms des peuples et ceux des fondateurs.

Exercices.

Il faut que l'élève sache cette échelle d'une manière imperturbable ; on l'interrogera successivement :

1. — Sur le siècle de la fondation d'un peuple.
2. — Sur les fondateurs.
3. — Sur tous les peuples des trois divisions de l'histoire.
4. — Sur la comparaison d'un peuple avec un autre.

On sentira plus tard l'importance de ces exercices nombreux et réitérés.

Deuxième division.

SITUATION GÉOGRAPHIQUE

La deuxième division donne la situation géographique de tous ces mêmes peuples; elle doit conséquemment être étudiée en présence des cartes. Lorsque les élèves la possèdent suffisamment, on les exerce à tracer deux cartes : 1° celle du monde ancien, où doivent figurer tous les peuples et les villes déjà connus ; 2° celle du monde tel que nous le connaissons aujourd'hui, avec les peuples du moyen-âge et de l'histoire moderne, ainsi que les villes déjà citées.

L'auteur donne ici des modèles de questions : nous remarquons celles-ci : Où se trouve tel peuple, et quelles sont les villes principales du pays qu'il habitait ou habite? — A quel pays appartient ou appartenait telle ville? — Quel est le peuple qui se trouvait ou se trouve dans telle situation?

Troisième division.

PRINCIPALES VICISSITUDES DES PEUPLES.

La troisième division a pour titre : *Principales vicissitudes des peuples.* Elle nous représente encore les mêmes peuples dans le même ordre chronologique; car, remarquez-le bien, le principal mérite de cette méthode est de toujours rattacher les faits nouveaux aux faits déjà connus. Ici, nous trouvons, de plus que dans la première division, les grandes masses de l'histoire de chaque peuple, marquées par les différentes révolutions qu'il a subies.

L'élève devra dire sur une carte générale les révolutions des peuples, en désignant avec promptitude les pays et les villes indiqués. Le meilleur moyen de graver dans la mémoire l'histoire par la géographie, et la géographie par l'histoire, c'est de donner des voyages où les deux sciences se trouvent réunies. Pour les exercices multipliés qu'exige cette partie, nous renvoyons à l'ouvrage même.

Quatrième division.

PETITE REVUE DE L'HISTOIRE GÉNÉRALE.

La quatrième division, que l'auteur appelle *petite revue,* est un resumé rapide des faits que les élèves ont étudiés dans les trois premières divisions. Il importe donc qu'elle soit sue d'une manière imperturbable.

Plus l'élève avance, plus son intelligence se développe par les comparaisons qu'il a faites. Ici, il va s'assurer des connaissances qu'il a acquises; cette *petite revue de l'histoire générale* présente les grands faits qu'il a vus dans l'ensemble de chaque histoire particulière ; il placera sur son cahier des numéros qui répondront à chacun des évènements, et il en écrira lui-même l'explication dans une colonne séparée (consulter les *Esquisses*).

L'auteur a eu soin de placer à la fin de chaque division des indications d'*exercices* fort ingénieux, et des modèles de questions à adresser aux élèves.

La *petite revue* est suivie d'une chronologie des évènements principaux de l'histoire. C'est ici que l'élève commence à faire lui-même sa petite *histoire générale.*

Ce tableau chronologique est d'une grande importance, puisque c'est le terme de comparaison auquel seront rapportés les faits historiques de chaque siècle ; il convient donc d'y arrêter l'élève jusqu'à ce qu'il le possède d'une manière sûre.

L'élève lira attentivement l'évènement dans son histoire et l'*analysera* par écrit et verbalement ; il s'accoutumera ainsi à saisir le sens principal, à résumer ; exercice difficile, mais important.

Vient ensuite une *liste* séculaire de grands hommes, depuis la création du monde jusqu'à nos jours : chaque personnage célèbre donne son nom à un siècle ; et dans une seconde colonne, mise en regard, sont inscrits les noms des personnages marquants du même siècle.

Par exemple : le grand Cyrus donne son nom au sixième siècle avant J.-C. ; Solon, Pisistrate, Tarquin-le-Superbe, Confucius, Crésus et Cambyse sont les hommes célèbres du même siècle. Ains se trouvent rappelées à la mémoire de l'élève et simultanément l'histoire de la Grèce, celle de Rome, celle des Chinois, celle des Perses.

Cette liste séculaire est également un exercice des plus utiles ; on en peut juger par les questions que l'auteur a placées à la suite. Dans quel siècle vivait Annibal ? — Combien s'est-il écoulé d'années ou de siècles entre Annibal et Louis XIV ? — Dans quelle histoire trouvez-vous Annibal, et à quelle occasion en parle-t-on ? — Appliquez à chaque personnage des questions de la même nature, et vous comprendrez tout le fruit qu'on peut tirer de cet exercice.

L'élève, pour cette biographie des grands hommes, commence à multiplier ses recherches ; il peut et doit se servir de tous les ouvrages qu'il a à sa disposition. Un petit *Dictionnaire historique* lui deviendra nécessaire.

Arrêtons-nous ici, et essayons d'apprécier quel doit être l'acquis des élèves arrivés à ce point.

Ils connaissent : 1. l'ordre chronologique, les fondateurs, et la position géographique des peuples qui ont occupé la scène du monde depuis l'origine des premières nations jusqu'à nos jours ;

2. Les principales vicissitudes de ces peuples, c'est-à-dire les grandes divisions de l'histoire de chacun d'eux ;

3. La chronologie et le développement des évènements principaux de l'histoire ;

4. Enfin, tous les hommes célèbres qui ont paru dans chaque siècle.

Cinquième division.

HISTOIRE DES PEUPLES.

Dans la cinquième division, les peuples, vus jusqu'alors dans leur ensemble, et seulement indiqués par leur naissance, leur moment d'éclat et leur chute, sont présentés avec des détails suffisants pour les faire connaître parfaitement.

Cette partie très développée sera lue attentivement à la leçon ; l'élève, préparé par les exercices précédents, n'éprouvera aucune difficulté ; alors il peut faire de jolis atlas disposés avec goût.

Il est arrivé aux *études secondaires*, il fera marcher de front :

1. La géographie, physique, politique et chorographique, à l'aide des *Études géographiques* et de la *Géographie racontée* :

2. Le précis historique avec la généalogie, à l'aide des *Esquisses historiques* ;

3. La littérature, à l'aide des *Esquisses littéraires*.

L'étude du peuple sous ces trois faces sera donc accomplie.

C'est dans ce travail, fait avec conscience et méthode, que les aspirants au *baccalauréat* trouveront la solution de toutes les questions du programme universitaire.

Sixième division.

HISTOIRE DE FRANCE, HISTOIRE D'ANGLETERRE.

Dans la sixième division, l'histoire de France et l'histoire d'Angleterre, jusqu'alors confondues avec celle des autres peuples modernes, deviennent le centre où répondent tous les faits de l'histoire européenne. Ici commence un travail nouveau pour les élèves. Vous jugerez, Messieurs, de l'importance de ce nouvel exercice par la manière dont M. Lévi fait disposer ses cahiers.

1re colonne. Nom du roi de France.
2e — Avènement du roi.
3e — Évènements qui se sont passés en France.
4e — Évènements contemporains.
5e — Ministres.
6e — Guerriers.
7e — Savants.
8e — Observations générales dans lesquelles entreront les découvertes, les institutions, etc.

Ces tableaux serviront de sommaire pour développer les évènements. Les ouvrages principaux qu'il faut lire pour analyser, et quelquefois extraire, sont :

1° L'*Abrégé méthodique* d'*Histoire de France*, rédigé d'après des eçons de M. Lévi, par Mlle Gombault, son élève, avec un questionnaire développé ;

2° Les *Essais sur l'Histoire de France* de M. Guizot ;

3° L'histoire de France du président *Hénault ;*

4° Les *Chroniqueurs* réunis, par M. Lévi ;

5° L'*Histoire classique des Reines et Régentes de France*, par M. Lévi ;

6° La *Gaule poétique* de M. Marchangy ; 7° Henri Martin ; 8° la *Biographie* de Michaud ; 9° pour les portraits : le *Cours de littérature* de Noël, et les Cours de littérature étrangère ; 10° pour les généalogies : Koch, Las-Cases ; 11° pour les évènements de l'histoire générale : les *Élémens d'histoire générale* de M. Lévi.

Exercices chronologiques.

On sentira toute l'importance de ces exercices par les questions suivantes :

Que se passait-il en Europe, en Asie, pendant que saint Louis régnait en France ?

L'élève, en cherchant dans son Histoire Générale, devra répondre :

Saint Louis monta sur le trône en 1226, et mourut en 1270. — Les évènements contemporains sont :

En *Angleterre :* — Admission des communes au parlement d'Angleterre, sous Henri III.

En *Espagne :* — Conquête du royaume de Cordoue, par les Castillans.

En *Italie :* — La maison d'Anjou au trône de Sicile, et la mort de Conradin.

En *Orient :* — Fin de l'empire des Latins, et prise de Constantinople par Michel Paléologue.

En *Asie :* — Conquêtes de Gengis-Khan.

En *Afrique :* — Les Mamelucks maîtres de l'Égypte.

Septième division.

SOUVERAINS DE L'EUROPE.

Enfin, la septième et dernière division du premier ouvrage est un *tableau chronologique* de tous les souverains de l'Europe jusqu'à nos jours, disposé par dynasties et par familles. Au moyen d'un tableau synoptique que l'on fait faire à l'élève, il peut donner les noms de tous les souverains qui régnaient en Europe à une époque indiquée. Par exemple : Quels sont les rois qui régnaient en Europe, quand Christophe Colomb découvrit l'Amérique en 1492 ? L'élève de M. Lévi répondra sans hésiter : En France, Charles VIII ; en Angleterre, Henri VII ; en Espagne, Ferdinand V, etc.

Ce dernier travail est un des plus instructifs et des plus attachants; l'élève doit s'exercer graduellement à désigner les souverains régnants à une *époque donnée.* Il étudiera d'abord la *France,* puis l'*Angleterre*, et, avant de passer à un autre peuple, il mettra ces deux états en rapport, etc. Après l'avoir exercé alternativement par des *recherches* et par ses *souvenirs*, on lui pose une date quelconque, et il nomme, suivant ses progrès, les rois de France, d'Angleterre, d'Espagne, etc.

Les généalogies sont une des branches importantes de l'histoire; elles doivent naturellement jouer un grand rôle dans la méthode de M. Lévi. Je n'entreprendrai pas de donner ici l'analyse des leçons du professeur sur ce sujet; il suffit de dire que les principales généalogies des familles royales de l'Europe sont tracées sur un tableau noir, sous les yeux mêmes des élèves; travail important donnant la clé des grandes guerres de succession, qui, plus d'une fois, ont changé la face de l'Europe

Conclusion sur l'étude des ESQUISSES HISTORIQUES.

Ainsi, à l'aide des exercices indiqués successivement par l'auteur, tous ces faits sont entrés dans la mémoire des élèves dans un ordre si bien gradué, que chaque nouvelle acquisition n'a été pour eux que le développement des faits déjà connus. Tous ces exercices se prêtent un secours mutuel; une date quelconque rappelle à l'instant le nom d'un grand homme, celui du peuple auquel il appartient, celui du fondateur de ce peuple, le siècle de son origine, sa position géographique, les principales révolutions qu'il a subies, les nations étrangères avec lesquelles se lie son histoire. Rien n'est isolé dans la mémoire de l'élève; tout se lie, tout s'enchaîne. Voilà, selon nous, la véritable manière d'étudier l'histoire.

Cette méthode passe par l'entendement pour arriver à la mémoire, et c'est en cela qu'elle est surtout préférable à l'ancienne, qui suit une marche exactement inverse; aussi, mettez en comparaison deux enfants de dix à douze ans, instruits, l'un par l'ancienne méthode, et l'autre par celle de M. Lévi; que trouverez-vous? Rien ou peu de chose d'un côté, et de l'autre des connaissances variées, étendues pour l'âge de l'enfant; un esprit d'analyse, de comparaison de critique morale, où l'homme raisonnable perce déjà. Un homme célèbre, que vous vous honorez de compter au nombre des membres correspondants, M. le comte de Las-Cases, avait déjà ouvert une nouvelle voie aux études historiques, en les sortant du chaos où elles étaient restées plongées jusqu'à lui. M. Lévi nous paraît avoi dignement marché sur ses traces, et mérité les suffrages de tous le amis de la jeunesse.

(Voyez, pour les autres ouvrages, les *Rapports sur la Méthode de M. Lévi*, Paris, rue du Bac, 41).

ESQUISSES HISTORIQUES.

NOTIONS PRÉLIMINAIRES.

DE LA CRÉATION DU MONDE AU DÉLUGE.

Dieu créa tous les corps de l'univers; il doua l'homme et la femme de la plus grande perfection de l'*âme* et du *corps.* Il les plaça dans un séjour de délices que nous nommons *Paradis terrestre* (en Asie) (4963 av. J.-C.).

Mais Adam et Ève, par leur désobéissance, s'attirèrent la colère de l'*Eternel*, qui les condamna aux maux de la vie et à la mort.

Après leur chute, ils eurent deux fils nommés Caïn et Abel. Caïn conçut de la jalousie contre son frère et le tua : ce fut le premier meurtre.

Un troisième fils, nommé Seth, consola Adam ; il se distingua par sa justice et sa piété : ses fils suivirent son exemple.

Cependant les hommes se corrompirent en se multipliant, ils méprisèrent les avertissements de Dieu; une catastrophe terrible les anéantit, et toute la race d'Adam fut réduite à la famille de Noé le *juste*. La terre fut inondée : c'est ce qu'on appela le *déluge universel*, arrivé dix-sept siècles après la création du monde, ou trente-quatre siècles avant la naissance de J.-C. (1655 du monde, 3308 avant J.-C.).

DU DÉLUGE AUX PREMIERS PEUPLES.

Après plusieurs mois de séjour, les eaux s'écoulèrent, et le vaisseau qui portait les restes de la *première famille* s'arrêta sur le mont *Ararat.* Les enfants de Noé se multiplièrent considérablement. La terre où l'arche s'était arrêtée, ne pouvant pas suffire à leur subsistance, ils formèrent le projet de se séparer par grandes familles.

Avant de consommer cette séparation, ils voulurent laisser un monument de leur puissance pour se préserver d'un second déluge, en bâtissant une tour prodigieuse appelée depuis *tour de Babel.* Dieu, irrité de leur orgueil, en arrêta la construction par le miracle de la *confusion des langues.*

La séparation n'en devint que plus nécessaire ; trois colonies se formèrent :

1° Celle des descendants de Cham se dirigea vers le sud-ouest ; les uns s'arrêtèrent dans le pays appelé depuis *Palestine*, auquel la caravane proscrite de *Chanaan*, donna le nom de son chef ; les autres, sous la conduite de Mesraïm ou Ménès, s'établirent en Afrique, et fondèrent le royaume d'Egypte.

2° Celle des descendants de Sem conserva la plaine de *Sennaar*, et s'étendit vers l'orient et le couchant ; *Arphaxad,* l'aîné des enfants de Sem, fonda le royaume de *Chaldée*, plus tard royaume privilégié de Dieu, sous *Abraham*, fils de *Tharé ;*

Elam, le second fils, fonda le royaume des Élamites ou de Perse ;

Assur, le troisième fils, jeta les fondements du royaume des Assyriens.

3° Celle des descendants de Japhet traversa une portion de l'Asie occidentale et septentrionale, et passa en Europe.

Toutes ces colonies se répandirent de générations en générations dans le pays où elles s'étaient primitivement établies, et la terre devint la patrie des hommes (2907).

NOTA. La dispersion des peuples se suivra sur une grande carte, et sur l'*Atlas* de l'auteur.

COUP-D'OEIL GÉOGRAPHIQUE SUR LES TEMPS PRIMITIFS.

La Bible place le *Paradis terrestre* en *Asie*, vers les sources de l'*Euphrate* et du *Tigre*. C'est donc de l'*Asie* que nous devons partir pour examiner les lieux où le genre humain se répandit successivement.

L'ASIE, berceau du genre humain et de la civilisation, et aujourd'hui l'une des plus considérables des cinq parties du monde, avait ses limites bien plus resserrées qu'aujourd'hui. On peut donner à la partie de l'*Asie*, alors habitée ou connue, les bornes suivantes : au N. le *Pont-Euxin*, le *Caucase* et la *mer Caspienne ;* à l'est, le pays des *Elamites, la Perse* et le *golfe Persique ;* au sud, la *mer Erythrée* (golfe d'*Oman*) et la *mer Rouge;* et à l'ouest, la *mer Intérieure* ou *Méditerranée.*

L'*Asie*, ainsi bornée, renfermait :

Au nord, la *Colchide*, où les *Argonautes* abordèrent pour la conquête de la Toison d'or (1350).

Au sud de la *Colchide*, l'*Arménie*, où l'*Euphrate* et le *Tigre* prennent leurs sources. Dans la partie méridionale de ce pays, l'Écriture sainte place l'*Éden* ou *Paradis terrestre*, séjour de nos premiers parents. Au nord de l'*Éden* était le mont *Ararat*, sur lequel l'arche de Noé s'arrêta après le déluge (3308).

A l'ouest de l'*Arménie* était située cette partie de l'*Asie* connue depuis sous le nom d'*Asie-Mineure*, et divisée en plusieurs provinces qui n'existaient pas encore. Cependant, tout-à-fait à l'ouest de cette *Asie-Mineure*, près de l'*Helles-*

pont, était la *Troade*, dont la capitale, *Troie*, fut prise par les *Grecs*, après un siége de dix ans (1270). Au sud-est s'élevait le *mont Ida*. Vers le sud était *Smyrne*, ville maritime, fondée dans la *Lydie* par des *Grecs*, et au sud de cette ville on remarquait l'île de *Samos*.

A l'est de la *Lydie* se trouvait la *Phrygie*.

Au sud de l'*Asie-Mineure* était l'île de *Chypre*, célèbre par son commerce maritime.

Au sud-est de l'*Arménie*, l'*Assyrie*, capitale *Ninive*, fondée sur les bords du *Tigre*, par Assur (2680), et embellie par Ninus (1968).

La *Mésopotamie* (1) vient ensuite : elle est arrosée, au nord et à l'est, par le *Tigre*, qui la sépare de l'*Arménie* et de l'*Assyrie*; et à l'ouest, par l'*Euphrate*, qui la sépare de la *Syrie*.

Au sud-est de la *Mésopotamie*, la *Babylonic*, capitale *Babylone*, fondée sur l'*Euphrate* par Bélus ou Nemrod, vers 1993 avant J.-C. : Sémiramis l'illustra par les embellissements qu'elle y fit faire.

Entre l'*Assyrie* et la *Babylonie* s'étendaient les *plaines de Sennaar*, où les hommes, avant de se séparer, voulurent élever la tour de Babel.

Au sud de la *Babylonie*, la *Chaldée*, où l'on fit de très bonne heure les premières observations astronomiques. *Ur*, patrie d'Abraham, en était la ville principale.

A l'occident de la *Mésopotamie*, la *Syrie*, baignée à l'ouest par la *Méditerranée*; on y remarquait déjà la riche ville de *Palmyre*.

Au sud-ouest de la *Syrie*, la *Phénicie*, capitale *Tyr*, puissante par son commerce maritime. *Sidon* fut la première ville de cette contrée.

Au sud de la *Phénicie* et de la *Syrie*, la terre de *Chanaan*, appelée aussi *Judée*, et plus tard *Palestine*. C'est

(1) Nom dérivé de deux mots grecs, qui signifient *au milieu des fleuves*.

dans ce pays que se passèrent presque tous les faits de l'Histoire sainte. Dieu l'ayant choisi pour qu'il fût la demeure de son peuple, Abraham vint s'y établir, à *Sichem* (2296), au nord-ouest de *Jebus (Jérusalem).* Au sud étaient situées *Gomorrhe* et *Sodome*, près du lac *Asphaltite*, au nord de l'*Idumée*. Ces deux villes furent détruites par le feu du ciel (2267). Au nord de *Gomorrhe*, on remarquait *Hébron*, sépulture d'Abraham et de Sara. Du temps de Jacob, la terre de *Chanaan* fut divisée entre ses douze fils, et renferma ainsi douze provinces, qui prirent, chacune, le nom de la tribu qui l'habitait. Au nord-ouest du lac *Asphaltite* s'élevait *Jébus* ou *Jérusalem*, qui ne devint la capitale de toute la *Judée* qu'au temps de David (1032); à l'est de *Jérusalem*, *Jéricho*, située sur les rives du *Jourdain*, et prise par Josué (1605); enfin, vers la côte, *Samarie*, qui devint (907) capitale du royaume d'Israël pendant le schisme des dix tribus.

A l'est de la *Judée* se répandirent plus tard les *Ammonites*, les *Moabites* et les *Madianites*, et au sud, les *Amalécites*; au sud-ouest existaient déjà les *Philistins*.

Toute la partie de l'*Asie* comprise entre la *Mésopotamie* au nord, et la *mer Érythrée* au sud, la *mer Rouge* à l'ouest, et la *Babylonie* à l'est, prenait le nom d'*Arabie*. On distinguait l'*Arabie déserte* au nord, l'*Arabie pétrée* au nord-ouest, dans laquelle était situé le mont *Sinaï*, et l'*Arabie heureuse* au sud

Enfin, à l'est de l'*Assyrie*, on trouvait la *Médie*, le pays des *Élamites*, la *Perse*, et au-delà une immense étendue de terrain, désignée depuis sous le nom de *Scythie*, bornée à l'ouest par la *Perse* et le *golfe Persique*; au sud, par les *Indes*; et à l'est, par le *grand Océan*. C'est dans cette contrée qu'une colonie d'*Égyptiens* vint, dit-on, fonder l'*Empire chinois*.

Telle était la géographie de l'*Asie* au moment de la formation des premiers peuples, 2467 ans environ après la création du m

L'Afrique, cette autre partie du monde, située au sud-ouest de l'*Asie*, ne fut aussi connue à cette époque que très imparfaitement.

A l'est, sur la côte de la *mer Rouge*, était l'*Égypte*, arrosée par le *Nil*, qui se jetait dans la *Méditerranée* par sept embouchures. Au nord de l'*Égypte* était le *Delta*.

C'est dans cette partie de l'*Égypte* à l'est, qu'était la terre de *Gesser*, où Jacob, appelé par son fils Joseph, vint s'établir avec toute sa famille, vers 2076 avant J.-C. On y trouvait aussi *Memphis*, sur le *Nil*, capitale de l'*Égypte*, et fondée par Ménès (2467).

Au sud du *Delta* était un pays dont la partie méridionale, appelée *Thébaïde*, vit s'élever successivement les villes de *Ptolémaïs* et de *Thèbes*. Dans l'intérieur s'étendait l'*Éthiopie*, contrée fort peu connue.

Au nord de l'*Afrique*, sur la côte de la *Méditerranée*, on remarque le lieu où Didon, fugitive de *Tyr*, jeta les fondements de *Carthage* (860).

Il est facile de juger combien l'*Afrique* était loin d'être connue : le climat brûlant de cette contrée empêchait qu'elle ne fût aussi peuplée que l'*Asie*.

Dans l'Europe, située au nord de l'*Afrique*, de l'autre côté de la *Méditerranée*, les *Égyptiens* allèrent fonder plusieurs colonies. Mais pendant cette première période, la *Grèce* et l'*Italie* sont les deux seuls pays dont il soit fait mention. Cependant, la ville de *Gadès (Cadix)* était fondée au sud-ouest de l'*Espagne*, par une colonie de *Phéniciens* (1580).

Dans le *Péloponèse*, presqu'île au midi de la *Grèce*, ainsi nommée de Pélops, fils de Tantale, Égyalée fonda, l'an 2164, au nord, le petit royaume de *Sicyone* dont les Héraclides s'emparèrent. Non loin de cette ville était *Ephyre*, qui, depuis, prit le nom de *Corinthe* (1328). A l'est, *Argos*, fondée par Inachus, en 1986, et au sud, *Sparte* ou *Lacédémone*, capitale de la *Laconie*, et fondée par Lelex (1516).

A l'est, on remarquait *Mycènes*, dans l'*Argolide ;* au sud-ouest, *Pylos*, dans la *Messénie;* et au nord-ouest, *Élis*, capitale de l'*Élide.*

A l'est du *Péloponèse* et de la *mer Égée*, on trouvait l'île de *Rhodes*, dont les habitants se firent remarquer par leur puissance maritime dès l'an du monde 1434 ; et au sud de cette mer, l'ile de *Crète*, où régna Minos, célèbre législateur (1500).

A l'ouest de la *Grèce* était la petite île d'*Ithaque*, patrie d'Ulysse.

Dans la *Grèce* proprement dite, Cécrops fonda (1582) les douze bourgades qui, plus tard, réunies par Thésée, formèrent la ville d'*Athènes*, capitale de l'*Attique.* Au nord-ouest de l'*Attique* était la *Béotie*, capitale *Thèbes*, fondée par le phénicien Cadmus, l'an du monde 1580 ; et dans la *Phocide*, on remarquait *Delphes* et le *mont Parnasse.*

Au nord-est de la *Grèce* était la *Thessalie*, où, sous Deucalion, s'opéra un troisième déluge (1590); et, au nord-ouest, s'étendait une longue presqu'île resserrée entre la *mer Tyrrhénienne*, à l'ouest, et la *mer Adriatique*, à l'est, c'était l'*Italie.* C'est sur la côte occidentale de ce pays, dans la partie appelée *Latium*, qu'*Enée* aborda après la prise de *Troie* (1270). Il y bâtit *Lavinium*, à l'est de laquelle son fils Ascagne éleva *Albe-la-Longue*, qui subsista avec gloire et puissance jusqu'au moment où Rome fut fondée (753).

EXERCICES.

Ce petit voyage géographique devra être appris par cœur et suivi avec rectitude sur une carte de géographie ancienne.

FORMATION DES PEUPLES.

L'homme est né pour vivre en société : la multiplicité de ses besoins, la longue faiblesse de son enfance, le tardif développement de son intelligence, tout doit le rendre sociable.

Dans les premiers temps, chaque famille vivait réunie : le père en était le chef naturel : on suivait ses conseils, on obéissait à ses lois. Les familles se multiplièrent ; on était trop nombreux pour vivre dans le même lieu, on se sépara ; il y eut plusieurs chefs, et par conséquent plusieurs *conseils*, plusieurs *lois*.

Peu à peu le besoin de se communiquer ses idées, de se secourir mutuellement, fit réunir un grand nombre de ces familles qui étaient éparses : c'est l'origine de la formation des *peuples* et des *états*.

Dès-lors, la nécessité de n'avoir plus qu'une seule volonté inspira l'idée de mettre dans les mains de plusieurs hommes ou d'un seul homme le sort, le bonheur, l'existence de ce concours d'*individus* : c'est l'origine des *gouvernements* ou des principes par lesquels un peuple est gouverné.

De ces principes dérivent les LOIS, qui sont l'expression des rapports qui s'établissent nécessairement entre les diverses sociétés.

Les *lois* sont les actes d'une autorité souveraine qui règle, ordonne, permet et défend.

LOIS.

Les lois s'appliquent à DIEU dans ses rapports avec l'univers, comme créateur et conservateur ; au MONDE MATÉRIEL, dont les mouvements ont des lois invariables sans lesquelles ils ne sauraient subsister ; aux BÊTES, qui ne peuvent avoir que des lois naturelles, parce qu'elles ne sont unies au monde matériel que par les besoins physiques ; à l'HOMME, qui, comme être physique, est, ainsi que les autres corps, gouverné par des lois invariables, et qui, comme être intelligent, est gouverné par celles de la religion, de la morale et de la politique.

Les lois, en général, peuvent se diviser en deux espèces : les *lois naturelles* et les *lois positives*.

Les *lois naturelles* comprennent : 1° la *loi de paix*, qui paraît prendre sa source dans le premier sentiment de l'homme, celui de sa faiblesse, et par suite, celui de la crainte ; 2° la *loi de la conservation*, dont l'origine est le second sentiment de l'homme, celui de ses besoins ; 3° la *loi de rapprochement*, qui se manifeste par le plaisir qu'un animal éprouve à l'approche d'un animal de son espèce ; 4° la *loi de sociabilité*, qui prend naissance dans le désir que chacun éprouve de mettre en commun les connaissances qu'il a acquises.

Les *lois positives* comprennent : 1° le *droit des gens*, c'est le rapport des différents peuples entre eux ; les lois qui le forment doivent dériver de deux principes, savoir : que les diverses nations se fassent, dans la paix, le plus de bien, et dans la guerre, le moins de mal possible, sans nuire à leurs intérêts, et que la guerre ait pour but la conservation ; 2° le *droit politique*, qui embrasse les rapports des gouvernants avec les gouvernés ; 3° le *droit civil*, qui comprend les rapports que tous les citoyens d'un même État ont entre eux. Ces deux espèces de lois varient suivant les peuples et les gouvernements pour qui elles sont faites.

On peut rapporter aux lois positives les *lois religieuses* qui ont pour objet d'imprimer une sanction divine aux lois positives aussi bien qu'aux lois naturelles ; elles comprennent le *droit canon*, qui concerne les rapports des divers ordres d'administrateurs ecclésiastiques, les uns à l'égard des autres; les *théologiques* ou *dogmatiques*, qui règlent le culte, et déterminent la nature et les limites de la croyance.

Les lois positives se modifient suivant la nature.

On caractérise quelquefois le mot *loi :* on appelle :

Lois organiques, celles qui ont pour objet de régler le mode de l'action des institutions dont le principe a été consacré par une loi précédente.

Loi fiscale, celle qui règle la quotité et le mode de perception des contributions publiques.

Loi bursale, celle qui a pour objet de procurer de l'argent à l'État dans des cas de nécessité extraordinaire.

Loi somptuaire, celle qui a pour objet de réprimer le luxe.

Loi martiale, celle qui autorise l'emploi de la force armée dans certains cas, et après avoir rempli certaines formalités.

Loi agraire, celle qui, chez les Romains, réglait le partage et l'administration des terres conquises.

Loi du talion, celle qui veut qu'on traite un coupable de la même manière qu'il a traité les autres.

GOUVERNEMENTS.

Le gouvernement est l'application juste des lois faites et promulguées dans l'intérêt de la société, pour sa conservation et sa prospérité.

Dans l'origine des sociétés, le gouvernement était *patriarcal* et *théocratique ;* patriarcal, lorsque les *chefs* de familles étaient maîtres souverains; théocratique, lorsque les ministres de Dieu, les prêtres, avaient la souveraine puissance, et régnaient à la fois sur le temporel et sur le spirituel.

Aujourd'hui, les gouvernements peuvent se diviser en *République* et en *Monarchie*.

RÉPUBLIQUE.

La nature de ce gouvernement est que le peuple en corps, ou seulement une partie du peuple, *a la souveraine puissance*.

Il se divise en *Démocratie*, ou république proprement dite, quand le peuple *a la souveraine puissance;* et en *Aristocratie*, quand la puissance est entre les mains d'une partie du peuple : les Grands, les Seigneurs. L'aristocratie se divise en plusieurs parties.

Si l'aristocratie possède une partie du gouvernement et la totalité du territoire (comme autrefois en Pologne, en Angleterre, en France), c'est la *féodalité*, ou la hiérarchie des pouvoirs entre les *vassaux* ou seigneurs.

Si elle possède une partie du territoire et la totalité du gouvernement (comme à Carthage, à Venise, dans quelques contrées suisses), c'est l'*oligarchie*.

Si elle ne possède qu'une partie du gouvernement et du territoire (comme en Angleterre, en Suède), c'est la *pairie* ou le *sénat*.

Si, sans pouvoir politique, elle possède ou des terres privilégiées ou une partie du pouvoir judiciaire, c'est la *noblesse*.

Si elle n'est que titulaire, comme elle ne forme point un corps, et qu'elle n'est dans l'État ni ordre, ni pouvoir, elle n'a point de nom collectif ; elle est donc hors de la langue politique.

MONARCHIE.

La *monarchie* est le gouvernement d'un seul homme ; elle est élective, si le *monarque* est choisi indifféremment dans plusieurs familles ; elle est *héréditaire*, s'il est pris de droit dans une même famille ; elle est *absolue*, si le roi est indépendant des *lois* ; elle est *autocratique,* si cette indépendance est illimitée.

La monarchie est tempérée, si une *charte* ou une constitution lie le roi au peuple et le peuple au roi.

Dans cette dernière forme, le peuple est représenté par des *assemblées* législatives ou Chambres. Ces Chambres se divisent en deux parties : la *Chambre haute* (ou des Pairs ou Sénateurs en France), composée de membres héréditaires, amovibles ou inamovibles.

La Chambre des *Communes,* composée d'hommes choisis par un certain nombre de leurs compatriotes appelés *électeurs.*

L'*anarchie* est la confusion, le désordre dans un état, où personne n'a assez d'autorité pour commander, et pour faire respecter les lois.

TABLEAU A FAIRE SUR LES GOUVERNEMENTS

NOM des GOUVERNEMENTS	EXPLICATION	PAYS où se trouvent CES GOUVERNEMENTS
1	2	3

DISTINCTION DES PEUPLES.

Avant de passer au récit des évènements qui sont arrivés, nous devons distinguer les peuples sous plusieurs rapports : 1° d'après leur couleur ; 2° d'après le pays qu'ils habitent ; 3° d'après leur origine ; 4° d'après leur situation géographique ; 5° d'après leur intelligence ; 6° d'après leurs occupations ; 7° d'après leur religion.

COULEUR ET PHYSIQUE.

Le genre humain se divise en deux espèces distinctes,

et celles-ci se partagent ensuite en diverses races, souches principales ou familles.

La *première espèce* se distingue au moral par une intelligence progressive, ou par un état de civilisation plus ou moins avancé. Elle a l'usage des lois écrites, et peut se diviser, au physique, en trois races : la *blanche:* elle renferme les Européens, en général, les Asiatiques occidentaux, et les peuples barbaresques ; la *basanée* ou *olivâtre:* elle renferme les Asiatiques orientaux, en général, et les peuplades polaires ; et la *cuivrée*, les Américains indigènes.

La *seconde espèce* se distingue, au moral, par un entendement borné, une civilisation constamment imparfaite; elle se divise en trois races : la *brune foncée :* les *Malais* et les habitants de la Notasie et ceux de la Polynésie ; la *noire :* les Ethiopiens et les Cafres ; et la *noirâtre :* les Hottentots et les habitants de l'*Australie*. On remarque, parmi les nègres, les *Albinos*, ou Africains d'un blanc terne.

PAYS.

Les peuples sont Asiatiques, Européens, Africains, Américains, Malais; se subdivisent en Perses, Français, etc., suivant les états de l'Asie, de l'Europe, etc.

ORIGINE.

Les peuples sont *autochthones*, *indigènes* ou *aborigènes*, c'est-à-dire premiers habitants ; *étrangers*, *colons*, c'est-à-dire qu'ils ont passé d'un pays dans un autre, soit dans le dessein d'y séjourner, soit dans le dessein de l'habiter et d'en cultiver la terre ; *créoles*, c'est-à-dire nés, dans les Indes Orientales ou Occidentales, d'un père ou d'une mère originaires d'un autre pays.

Métis, c'est-à-dire dont le père est Européen et la mère

Indienne, ou dont le père est Indien et la mère Européenne. On dit une *métisse*.

Mulâtre, dont le père est blanc et la mère négresse ou dont le père est nègre et la mère blanche. On dit une *mulâtresse*.

SITUATION GÉOGRAPHIQUE.

Les peuples sont *insulaires*, c'est-à-dire qu'ils habitent les îles ; *montagnards*, les montagnes ; *riverains*, le long d'une rivière ; *nomades*, c'est-à-dire qu'ils changent de demeure pour chercher de nouveaux pâturage ; *maritimes*, c'est-à-dire qu'ils sont situés sur le bord de la mer.

INTELLIGENCE.

Les peuples sont *sauvages*, s'ils ne connaissent pas la manière de fixer leurs pensées par des signes ; *barbares* ou demi-civilisés, s'ils n'ont fait que des progrès lents dans la civilisation, si leurs lois sont irrégulières, cruelles; *civilisés* s'ils ont un système fixe de législation, de politique et de guerre; ils connaissent alors les sciences, les beaux-arts et les belles-lettres. Mais cette classification peut offrir de grandes modifications, car il est souvent difficile de déterminer d'une manière précise le point qui sépare la barbarie de la civilisation.

Les *crétins* forment une classe à part : ce sont des êtres sourds, muets, imbéciles ; ils ont des goitres ou glandes engorgées qui pendent de leur cou. On en trouve au pied des montagnes des Alpes, des Andes, etc.

OCCUPATIONS.

Les peuples sont chasseurs, pêcheurs, pasteurs, culti eurs, commerçants, navigateurs, guerriers, etc.

RELIGION.

Tous les peuples admettent l'existence d'un Etre créateur de l'univers, mais tous ne l'adorent pas de la même manière, ce qui donne lieu à plusieurs religions. Les actes extérieurs dont chacune se compose s'appellent *culte*. On peut le diviser en deux classes : le **Polythéisme,** ou l'adoration de plusieurs dieux, et le **Monothéisme,** ou l'adoration d'un seul dieu.

Le **Polythéisme** est l'adoration de plusieurs dieux; on y remarque le *Fétichisme*, ou l'adoration des êtres animés et des êtres inanimés : c'est la religion des sauvages.

Le *Sabéisme*, ou l'adoration des astres : c'est la religion des tribus isolées.

La *Religion de Fo-Hi*, dont la fin principale était une morale épurée. C'est une des quatre religions de la Chine.

Le *Lamisme*, ou l'incarnation de la Divinité sous la forme d'un homme appelé *Dalaï-Zama*, et la migration d'un individu dans un autre. C'est la religion du Thibet et d'une grande partie de la Tartarie.

Le *Bouddhisme*, ou la croyance à une intelligence suprême (*Bouddha*), et à l'incarnation des âmes devenues parfaites, c'est-à-dire parvenues à l'état de *Bouddhas*. C'est comme le culte de Fo-hi une des quatre religions de la Chine; les deux autres sont le *culte de Lao-Tseu*, qui a dégénéré en polythéisme, et celui de *Confucius*, qui a pour base la piété filiale; cette dernière reconnaît un Dieu unique et suprême, et ne permet qu'à l'empereur de lui offrir des sacrifices.

Le *Bramisme*, ou la transformation de la Divinité sous diverses formes d'hommes ou d'animaux : c'est la religion des Indiens.

Le *Dualisme* ou la religion des deux principes : *Oroma-*

ze, ou l'Être bienfaisant, et *Arhimane*, ou l'Être méchant. *Zoroastre* créa ce système chez les Perses.

Le *Polythéisme* est professé par 377 millions d'hommes.

Le **Monothéisme** n'admet qu'un seul Dieu. Il rejette le culte des objets physiques, et a donné aux hommes une idée de la Divinité, plus grande, plus sublime que toutes les autres. Il est composé du JUDAÏSME, du CHRISTIANISME et du MAHOMÉTISME.

Le JUDAÏSME est le tronc primitif des deux suivantes ; il ne reconnaît d'autre révélation que celle qui a été faite au peuple de Dieu par Moïse et par les prophètes ; il est divisé en trois sectes :

1. Celle des *Rabbinistes,* qui attribuent de l'autorité au Talmud ou lois orales de Moïse ;

2. Celle des *Karaïtes,* ou rabbins attachés à la lettre, qui ne reconnaissent que le Pentateuque ou les cinq livres de Moïse ;

3. Celle des *Samaritains,* qui existe à Naplouse (Sichem), en Asie.

On compte à peu près 4 millions d'Israélites sur le globe.

La maison ou prient les Israélites se nomme *temple* ou *synagogue.*

Le CHRISTIANISME, ou la religion de J.-C. reconnaît deux révélations, il a institué une législation nouvelle, complément et perfectionnement du Judaïsme. Il est répandu dans presque toute l'Europe et dans beaucoup de contrées de l'Afrique et de l'Amérique; il se compose de trois branches principales :

1. La *religion catholique, apostolique et romaine,* ou l'Église latine occidentale, dont le Pape est le chef. On la professe en *Autriche,* en *Italie*, en *France*, en *Espagne,* en *Portugal,* en *Prusse*, en *Pologne,* et dans les colonies orientales et occidentales de ces états.

L'Église catholique est professée par 140 millions d'hommes.

2. Le *Protestantisme* qui n'admet ni l'autorité du Pape, ni l'invocation des saints ; il se divise :

En *Luthéranisme*, professé dans le *Danemark*, la *Suède*, la *Norwége*, la *Transylvanie* et dans une partie de la *Prusse*.

En *Calvinisme*, répandu en *Angleterre*, en *Hollande*, en *Suisse*, à *Genève* ;

En *Église anglicane*, dans la *Grande-Bretagne* et dans plusieurs contrées des *États-Unis* d'Amérique.

Il y a différentes sectes : les *Quakers*, en Angleterre ; les *Sociniens*, en Transylvanie.

Le protestantisme est professé par 60 millions d'hommes.

La maison où prient les protestants se nomme *temple*.

3. Les *Schismatiques grecs* ou *Melchistes*, en *Grèce*, en *Russie*, en *Asie* et en *Afrique*, sous les patriarches de *Constantinople*, d'*Antioche*, de *Jérusalem* et d'*Alexandrie*. Cette secte comprend aussi les *Moscovites* ou *Russes*, les *Géorgiens* et *Mingréliens*.

L'Église grecque orientale compte 63 millions de croyants.

Le Mahométisme ou l'*Islamisme*, qui a emprunté aux Juifs et aux Chrétiens une partie de ses croyances ; il est divisé en deux sectes :

1 La secte d'*Omar*, suivie par les *Turcs*, une partie des *Tartares*, et par les *Arabes*, les *Egyptiens* et plusieurs peuples de l'*Afrique septentrionale*. On appelle *Sunnites* ceux qui appartiennent à cette secte, parce qu'ils admettent le commentaire appelé *Sunna* ; ils reconnaissent les califes légitimes successeurs d'*Omar*.

2. La secte d'*Ali*, ou des *Schiites*, c'est-à-dire des *séparatistes*. Elle est adoptée par les *Persans*, les *Mogols*, les peuples des Indes qui ont reçu le mahométisme, comme les habitants des îles Maldives, etc.

Deux autres sectes moins nombreuses se sont rendues célèbres.

Celle des *Yezides*, qui habitent les montagnes voisines de *Singar* dans le pachalik de *Bagdad*, et celle des *Wahabites*, qui habitent les déserts de l'Arabie.

L'Islamisme est professé par 96 millions d'hommes.

Le *Coran* est le livre sacré des Mahométans. Son dogme est le fatalisme ; il dit en substance : *Dieu l'a voulu, aussi ce qui est arrivé était inévitable.*

La *Mosquée* est la maison où les Mahométans se réunissent pour prier. — Le *Minaret*, c'est le lieu élevé d'où l'on appelle les fidèles.

Résumé de la population du globe par les religions.

POLYTHÉISME	531,000,000
MONOTHÉISME.	390,000,000
Total.	921,000,000

TABLEAU A FAIRE.

RELIGIONS.	EXPLICATIONS.	PEUPLES qui professent telle ou telle religion.
1	2	3

DES DIVISIONS DE L'HISTOIRE.

L'origine des peuples, leur accroissement et leur décadence, leurs actions bonnes ou mauvaises, leurs succès et leurs revers, leurs révolutions enfin, sont conservés dans un *Mémorial* appelé *Histoire. L'Histoire* est donc le tableau successif des évènements qui ont eu lieu sur le globe.

Ces évènements s'appellent *religieux*, s'ils appartiennent à la religion ;

Civils ou *politiques*, s'ils appartiennent à l'état ou au gouvernement d'un pays;

Littéraires, s'ils rappellent l'origine et les progrès des arts et des sciences;

Naturels, s'ils ont rapport aux phénomènes terrestres e aux phénomènes célestes.

De là la dénomination d'*histoire sainte*, *sacrée*, *religieuse*, *ecclésiastique*; d'*histoire civile et politique*; d'*histoire littéraire*; d'*histoire naturelle*.

Par rapport à son étendue et à son but, l'*histoire* se divise en *histoire particulière*, *universelle* ou *générale*.

L'*histoire particulière* ne traite que d'un peuple, d'une province, d'une ville, d'un personnage illustre.

L'*histoire universelle* retrace les évènements de tous les peuples.

L'*histoire générale* embrasse d'un seul coup-d'œil les révolutions d'un grand état ou de plusieurs nations liées par de grands intérêts.

Par rapport au temps, l'*histoire* se distingue en *histoire ancienne*, *histoire du moyen-âge*, *histoire moderne*.

L'histoire des peuples se divise aussi en plusieurs grandes époques ou par *siècles*, c'est-à-dire l'espace de cent ans.

Ces siècles se comptent en diminuant jusqu'à la naissance de J.-C., et en augmentant depuis cette naissance, qui sert alors de point de départ; on dit donc: Ce peuple a été fondé, cet évènement a eu lieu tant de siècles avant ou tant de siècles après J.-C.

Parmi les sciences qui servent de fondement à l'*histoire*, la *géographie*, la *généalogie* et la *chronologie* tiennent le premier rang; et dans les divisions de cette dernière, la connaissance des différentes ères est indispensable.

Tous les peuples n'ont pas adopté les mêmes divisions de emps :

Les Hébreux comptaient par année *sabbatique*, espace de sept ans.

Les Grecs, par *Olympiade*, espace de quatre ans (depuis 776 avant J.-C.).

Les Romains par *lustre*, espace de cinq ans.

Les *ères* sont des points fixes d'où chaque peuple commence à compter ses années ; il y a donc l'ère des *Grecs*, des *Romains*, des *Assyriens*, des *Chrétiens*, des *Arabes*.

L'ère des Grecs remonte à l'an 1582. Elle sert de base à la chronique des *Marbres de Paros*, sur lesquels était gravée cette chronologie.

L'ère des Romains remonte à la fondation de Rome, l'an 753.

L'ère des Assyriens ou Babyloniens, nommée ère de *Nabonassar* au 26 février 747.

L'ère des Chrétiens à la naissance de J.-C. (4963 du monde).

L'ère des Arabes, suivie par les peuples musulmans, au 16 juillet 622.

On appelle *synchronisme* le rapport des faits arrivés dans le même temps.

Un *anachronisme* est une faute contre la *chronologie*.

CHRONOLOGIE.

Les chronologistes ne sont pas d'accord sur la naissance de J.-C D'après l'archevêque *Usher* ou *Ussérius*, prélat anglais, né à Dublin en 1580, mort en 1657, le monde a été créé 4004 ans avant la naissance de J.-C. La plupart des historiens ont suivi ce système ; mais, depuis le beau travail des Bénédictins de Saint-Maur, dans l'*Art de vérifier* les dates, cette époque est fixée à l'an 4963. Aujourd'hui cette opinion est généralement adoptée dans les *livres classiques* de France.

Première Partie.

ÉCHELLE DES PEUPLES

OU

FONDATION SUCCESSIVE DES PEUPLES.

Afin que les évènements se classent avec méthode dans notre mémoire, et que nous puissions assigner à chaque peuple le *siècle* de sa fondation, nous avons dressé une liste qui présente la succession des états depuis le 25e siècle jusqu'à nos jours. Cette liste porte le nom d'*échelle*, parce que les peuples y sont placés par *degrés* et comme *échelonnés*, depuis les temps les plus anciens jusqu'à nos jours.

Nous diviserons les peuples en trois parties : les *peuples anciens*, les *peuples intermédiaires* ou du *moyen-âge*, et les *peuples modernes*.

HISTOIRE ANCIENNE.

LES PEUPLES ANCIENS DONT L'HISTOIRE EST PEU CONNUE SONT :

1° En Asie, les **Indiens**, les **Chinois**, les **Japonais** les **Scythes** ;

En Afrique, les **Éthiopiens** et les **Berbers** ;

En Europe, les **Celtes**, les **Basques** et les **Ibères**

LES PEUPLES DONT ON CONNAIT L'HISTOIRE SONT :

2° Dans le 25e siècle (2167) avant J.-C., les **Égyptiens** dont le fondateur est **MÉNÈS** ; en Afrique.

3° Dans le 23e s. (2296), les **Hébreux,** premier patriarche **ABRAHAM** ; en Asie.

4° Dans le 20e s. (1993), les **Assyriens,** fondateur, **BÉLUS** ; en Asie.

Sur les ruines de l'Empire d'Assyrie s'élevèrent, dans le 8e siècle :

Les **Mèdes** (759), fondateur, **ARBACÈS** ;
Les **Babyloniens** (759), fondateur, **BÉLÉSIS** ;
Les **Ninivites** (759), fondateur, **PHUL** ; en Asie.

5° Dans le 17e s. (1640), les **Phéniciens,** fondateur, **AGÉNOR** ; en Asie.

6° Dans le 16e s. (1582), les **Grecs,** fondateur, **CÉCROPS** ; en Europe.

Les principaux peuples de la Grèce étaient :

Les **Athéniens** (1582), fondateur, **CÉCROPS** ;
Les **Thébains** (1580), fondateur, **CADMUS** ;
Les **Spartiates** (1516), fondateur, **LELEX** ;
Les **Corinthiens** (1328), fondateur, **SISYPHE** ;
Les **Mycéniens** (1348), fondateur, **PERSÉE**.

7° Dans le 16e s. (1579), les **Lydiens,** fondateur **MÉON** ; en Asie.

8° Dans le 16e siècle (1506), les **Troyens,** fondateurs **TEUCER** et **DARDANUS** ; en Asie.

Dans le 9e siècle (860), les **Carthaginois** (colonie phénicienne), fondatrice, DIDON ; en Afrique

10° Dans le 8e siècle (753), les **Romains**, fondateur ROMULUS ; en Europe.

11° Dans le 6e s. (560), les **Perses**, fondateur, CYRUS ; en Asie.

12° Dans le 4e siècle (360-336), les **Macédoniens**, fondateurs, PHILIPPE et ALEXANDRE ; en Europe.

Après la mort d'Alexandre (323), l'empire macédonien fut partagé en quatre royaumes, entre les généraux du conquérant (301) :

La *Macédoine* échut à *Cassandre*,
La *Thrace* à *Lysimaque*,
La *Syrie* à *Séleucus*,
L'*Égypte* à *Ptolémée*, fils de *Lagus*.

13° Dans le 3e s. (256), les **Parthes**, fondateur, ARSACE ; en Asie.

NAISSANCE DE JÉSUS-CHRIST,

L'an 4963 du monde, 50e siècle.

14° Dans le 3e s. (223 après J.-C.), les nouveaux **Perses**, fondateur, ARTAXERCÈS ; en Asie.

En 395, à la mort de l'empereur Théodose-le-Grand l'empire romain se divisa en deux parties :

1° **L'Empire d'Orient**, dont ARCADIUS fut le premier empereur, en Europe et en Asie ; cet empire s'écroula en 1453.

2° **L'Empire d'Occident**, dont HONORIUS fut le premier empereur ; en Europe.

En 476 eut lieu *la chute de l'empire romain d'Occident* causée par l'invasion des peuples barbares de la Germanie

PRINCIPAUX PEUPLES BARBARES QUI ONT ENVAHI L'EMPIRE ROMAIN,

Au 5e siècle après J.-C.

15° Dans le 5e siècle (414), les **Bourguignons**, chef GONDICAIRE; en Europe.

16° (En 409), les **Suèves**, chef, HERMANRIC; en Europe

17° — les **Vandales**, chef, GENSÉRIC ; en Europe

18° — les **Alains**, chef, GONDÉRIC ; en Asie.

19° (En 418), les **Francs**, chef, PHARAMOND; en Europe

20° (En 455), les **Angles** et **Saxons**, chefs, HENGIST et HORSA; en Europe.

21° (En 446), les **Huns**, chef, ATTILA ; en Asie.

22° (En 476), les **Hérules**, chef, ODOACRE; en Europe.

23° (En 493), les **Ostrogoths**, chef, THÉODORIC (en 395), les **Visigoths**, chefs, ALARIC et HERMANRIC; en Europe.

24° (En 568), les **Lombards**, chef, ALBOIN; en Europe

PEUPLES BARBARES SECONDAIRES.

25° Les **Avares**, venus de l'Asie (582).

26° Les **Gépides**, venus de la Baltique (453).

27° Les **Bulgares**, de la Scythie (560).

28° Les **Vénèdes**, de la Baltique (610).

29° Les **Slaves**, de la Baltique (453).

30° Les **Hongrois**, venus du Volga (894).

31° Les **Allemands**, venus du Rhin (496).

32° Les **Danois**, du Jutland (809).

33° Les **Normands** et les Varègues (812).

34° Les **Turcs**, venus de l'Asie (1300).

L'histoire ancienne, commencée à la création du Monde, se termine donc à la *chute* de l'Empire Romain d'Occident (en 476) causée par l'invasion des *peuples barbares :* elle a duré plus de 54 siècles (4963 à 476 = 5439).

HISTOIRE DU MOYEN-AGE.

LES PEUPLES DE L'HISTOIRE DU MOYEN-AGE SONT :

35° Dans le 5e s. (481), les **Français**, fondateur, CLOVIS; en Europe.

36° Dans le 6e s. (568), les **Lombards**, fondateur; ALBOIN; en Europe.

37° Dans le 6e s. (572), les **Espagnols**, fondateur, LÉOVIGILDE ; en Europe.

38° Dans le 7e s. (622) les **Arabes**, législateur, MAHOMET ; en Asie.

39° Dans le 8e s. (756), les **Maures de Cordoue**, principal chef, ABDÉRAME I; en Espagne.

40° Dans le 8e s (780), les **Arabes de Bagdad**, principal fondateur, AAROUN-AL-RASCHID ; en Asie.

41° Dans le 9e s. (813), les **Suédois**, fondateur principal, BIORNE ; en Europe.

42° Dans le 9e s. (827), les **Anglais,** premier roi, EGBERT; en Europe.

43° Dans le 9e s. (842), les **Polonais,** fondateur, PIAST en Europe.

44° Dans le 9e s. (862), les **Russes,** fondateur, RURICK; en Europe.

45° Dans le 10e s. (900), les **Norwégiens,** fondateur HARALD I; en Europe.

46° Dans le 10e s. (911), les **Allemands,** premier roi, CONRAD I; en Europe.

47° Dans le 10e s. (980), les **Danois,** principal fondateur, SUÉNON; en Europe.

48° Dans le 10e s. (1000), les **Hongrois,** fondateur, ÉTIENNE I; en Europe.

49° Dans le 12e s. (1130), les **Napolitains** et les **Siciliens,** premier roi; ROGER II; en Europe.

50° Dans le 12e s. (1139), les **Portugais,** premier roi, ALPHONSE HENRIQUEZ; en Europe.

51° Dans le 12e s. (1198), les **Bohêmes,** fondateur, OTTOCAR I; en Europe.

52° Dans le 13e s. (1300), les **Turcs d'Asie,** fondateur, OSMAN I; en Asie.

53° Dans le 13e s. (1206), les **Mongols,** fondateur, GENGIS-KAN.

54° Dans le 14e siècle (1308), les **Suisses** (république) libérateurs, MELCHTAL, STAUFFACHER, WALTER-FURST, GUILLAUME TELL; en Europe.

55° Dans le 15e s. (1453), les **Turcs d'Europe,** fondateur, MAHOMET II; en Europe.

L'*Histoire du moyen-âge* a commencé au 5e siècle, à la chute de l'Empire Romain d'Occident, et s'est terminée au milieu du 15e, à l'établissement des Turcs en Europe; elle a donc duré près de dix siècles (de 476 à 1453=977).

HISTOIRE MODERNE.

LES PEUPLES DE L'HISTOIRE MODERNE SONT :

56° Dans le 15e siècle (1453), les **Turcs d'Europe,** **MAHOMET II.**

57° Dans le 15e s. (1492), les **Américains**, découverts par **CHRISTOPHE COLOMB.**

Les principaux peuples sont :

Les **Mexicains,** dans le 16e siècle (1519), découverts par **CORTEZ**;

Les **Péruviens,** dans le 16e siècle (1533), par **PIZARRE**;

Les **Brésiliens,** dans le 16e siècle (1500), par **ALVAREZ CABRAL**;

Les **Anglo-Américains** *(États-Unis),* dans le 18e siècle, rendus indépendants de l'Angleterre, **WASHINGTON,** *premier président* (1783).

58° Dans le 16e s. (1579), les **Hollandais** et les **Belges;** stathouder, **GUILLAUME I D'ORANGE.**

59° Dans le 18e s. (1701), les **Prussiens,** premier roi, **FRÉDÉRIC DE HOHENZOLLERN.**

60° Dans le 18e s. (1718), les **Sardes,** premier roi, **VICTOR-AMÉDÉE.**

61° Dans le 19e s. (1805), les **Bavarois,** premier roi, **MAXIMILIEN-JOSEPH.**

62° Dans le 19e s. (1805), **Wurtembergeois,** premier roi, **FRÉDÉRIC I.**

63° Dans le 19e s. (1805), les **Saxons**, premier roi, **FRÉDÉRIC-AUGUSTE.**

64° Dans le 19e s. (1831), les **Grecs modernes** en république, chef, **CAPO D'ISTRIA.**

65° Dans le 19e s. (1830), les **Hollandais,** premier roi, **GUILLAUME I D'ORANGE.**

66° Dans le 19e s. (1831), les **Belges**, premier roi, **LÉOPOLD DE SAXE-COBOURG.**

67° Dans le 19e s. (1833), les **Grecs modernes** en monarchie, premier roi, **OTHON DE BAVIÈRE.**

68° Dans le 19e s. (1837), les **Hanovriens,** premier roi, **ERNEST-AUGUSTE.**

69° Dans le 19e s. (1861), les **Italiens,** premier roi, **VICTOR EMMANUEL.**

L'*Histoire moderne*, commencée au milieu du 15e siècle (1453), compte déjà, **en 1869, 416 ans; c'est-à-dire** plus de quatre siècles.

Exercices sur la première partie.

Le Tableau historique des peuples en quatre colonnes :

ÉPOQUE de la FONDATION.	DATES PRÉSUMÉES OU CERTAINES.	NOMS des PEUPLES.	NOMS des FONDATEURS.
1	2	3	4

Les grands peuples seront écrits plus gros comme dans l'ouvrage.

MODÈLE DE QUESTIONS.

1. *Quels sont les peuples sur lesquels nous n'avons pas de connaissances certaines ?*
2. *Combien de siècles séparent la fondation de Rome de celle de Carthage ?*
3. *Quels sont les peuples qui ont précédé les Romains ? — les Grecs ?*
4. *Quel est le fondateur de tel peuple ?*
5. *Quels sont les peuples de l'histoire ancienne, ceux de l'histoire du moyen-âge, ceux de l'histoire moderne ?*
6. *Quels sont les lieux géographiques dont il est parlé dans cette partie ?*
7. *Comment se divise l'histoire générale ?*
8. *Combien a duré l'histoire ancienne, celle du moyen-âge, l'histoire moderne ?*
9. *A quel grand évènement finit l'histoire ancienne ? — l'histoire du moyen-âge?*
10. *Que rappellent* 1582, 860, 753, 560, *etc.* ?

Toutes les questions que l'on fera à l'élève seront aussitôt écrites sur un cahier particulier, afin qu'il puisse ensuite se les adresser lui-même.

OBSERVATION.

Cette première partie a été disposée en tableau synoptique, mais seulement avec des lettres initiales ; l'élève devra nommer *avec rapidité* tous les peuples. Quel que soit le degré de son instruction, il commencera toujours ses leçons d'histoire par cet exercice important, comme le *musicien* le plus habile commence ses morceaux par une gamme *Voyez le Tableau.*

———

3.

Deuxième Partie.

SITUATION DES PEUPLES.

PARTIE GÉOGRAPHIQUE.

LES PEUPLES DONT L'ORIGINE ET L'HISTOIRE SONT PRESQUE INCONNUES SONT :

En Asie, les INDIENS au sud, les CHINOIS à l'est, les JAPONAIS au nord-est des Chinois ; les SCYTHES au nord.

En Afrique, les ÉTHIOPIENS au sud de l'Égypte ; ils occupaient ce que nous appelons aujourd'hui la Nubie et l'Abyssinie ; les BERBERS au nord-ouest.

En Europe, les CELTES, d'origine indo-germanique, qui, partis des contrées septentrionales de l'Europe et de l'Asie, se répandirent dans toute l'Europe occidentale ; les BASQUES, près des Pyrénées ; les IBÈRES, qui, venus de l'Asie, furent les premiers peuples de l'Espagne et de la Gaule méridionale.

LES PEUPLES DONT ON CONNAIT MIEUX L'HISTOIRE SONT :

Les ÉGYPTIENS, en Afrique, au nord-est. Les villes principales étaient : *Memphis*, *Thèbes* aux cent portes, *Tanis*, *Alexandrie*, *Saïs*, *Bubaste*, *Syène*, *Péluse*, *Canope*, *Héliopolis*.

Les HÉBREUX, au sud-ouest de l'Asie, au nord de l'Arabie et au sud de la Phénicie : *Jérusalem*, *Joppé*, *Césarée*, *Gaza*, *Bethléem*, *Jéricho*, *Sodome*, *Samarie*, *Gomorrhe.*

Les ASSYRIENS proprement dits, à l'est du Tigre, en Asie : *Ninive*, *Arbelles*, *Larisse*, *Opis*, *Gaugamèle;* ils ont formé :

Les MÈDES, en Asie, au sud de la mer Caspienne, et à l'est des Assyriens : *Ecbatane*, *Ragès.*

Les BABYLONIENS en Asie, au sud des Assyriens et au sud-ouest des Mèdes, entre le Tigre et l'Euphrate : *Babylone.*

Les NINIVITES en Asie, au nord-est des Babyloniens et à l'est du Tigre : *Ninive.*

Les PHÉNICIENS en Asie, au nord des Hébreux : *Béryte*, *Sidon*, *Tyr.*

Les GRECS en Europe, à l'est du golfe Adriatique et de la mer Ionienne, et à l'ouest de l'Archipel. Les principaux peuples de la Grèce étaient :

Les ATHÉNIENS, en Europe, dans la Grèce propre, en ATTIQUE : *Athènes*, *Eleusis*, *Mégare*, *Marathon.*

Les BÉOTIENS, en Béotie, au nord-ouest des Athéniens : *Thèbes*, *Leuctres*, *Aulis*, *Platée.*

Les CORINTHIENS, en Europe, dans le Péloponèse, au nord-est : *Corinthe.*

Les SPARTIATES, en Europe, dans le Péloponèse, au sud, dans la Laconie : *Sparte*, *Hélos.*

Les MYCÉNIENS, en Europe, dans le Péloponèse, au sud des Corinthiens, province de l'Argolide : *Mycènes*, *Nauplia*, *Epidaure.*

Les LYDIENS, dans l'Asie-Mineure, sur la côte ouest au sud de la Mysie, au nord de la Carie. ; *Sardes*, *Ephèse*, *Magnésie.*

Les TROYENS, dans l'Asie-Mineure, au nord-ouest, province de la Troade : *Troie*, *Lampsaque*, *Dardanus.*

Les **CARTHAGINOIS**, au nord de l'Afrique, en face de la Sicile : *Carthage, Utique, Zama, Adrumète.*

Les ROMAINS en Europe, dans l'Italie ; d'abord restreints à la seule ville de Rome, ils devinrent par la suite maîtres de tout le monde connu : *Rome, Albe, Tusculum, Ardée, Antium, Arpinum, Corioles, Minturnes, Préneste, Privernum, Caudium, Capoue, Brindes, Cumes, Tarquinies, Falères, Veïes, etc.*

Les PERSES, en Asie, au sud ; à l'est du golfe Persique : *Suze, Persépolis, Pasagarde.*

Les MACÉDONIENS, en Europe, au nord-est de la Grèce ; ils devinrent maîtres de toute l'Asie connue, et de l'Égypte : *Thessalonique, Potidée, Pella, Pydna, Olynthe, Stagyre, Méthone, Edesse, Dium.*

Les **SYRIENS**, en Asie. Il étaient situés au nord de l'Arabie, de la Palestine, de la Phénicie, et au sud-est de l'Asie-Mineure : *Antioche, Laodicée, Héliopolis, Damas,* et *Apamée.*

Les **PARTHES**, proprement dits, en Asie, au sud-est de la mer Caspienne, près de la Médie et de l'Hyrcanie. Leur capitale était *Hécatompylos,* ou la ville aux cent portes.

L'*Empire d'Orient* s'étendait de l'*Illyrie* (Europe) à l'Euphrate (Asie), et du nord de la Thrace (Europe) à la Libye (Afrique).

L'*Empire d'Occident* s'étendait de l'*Illyrie* à l'océan Atlantique et de l'Atlas d'Afrique à la Scandinavie.

LES PRINCIPAUX PEUPLES BARBARES QUI ONT ENVAHI L'EMPIRE ROMAIN SONT :

Les BOURGUIGNONS, en Europe, au nord de la Germanie (Allemagne), entre le Viadrus (Oder) et la Vistule.

Les SUÈVES, en Europe, au nord de la Germanie, près de l'embouchure du Viadrus (Oder).

Les VANDALES, en Europe, au nord de la Germanie, près des bords du Sinus Codanus (mer Baltique), depuis la Chersonèse Cimbrique (Jutland) jusqu'à l'Oder.

Les ALAINS, originaires de l'Asie, aux environs du Caucase, entre le Pont-Euxin (mer Noire) et la mer Caspienne.

Les FRANCS, réunion des peuples Germains qui habitaient au nord-ouest de la Germanie, entre le Rhin et le Véser.

Les ANGLES et les SAXONS, au nord de la Germanie, à l'entrée de la Chersonèse Cimbrique (Jutland).

Les HUNS, en Asie, au nord, dans la Scythie (Sibérie), sur les frontières de la Chine septentrionale.

Les HÉRULES, en Germanie, entre l'Elbe et l'Oder, au sud des Suèves et des Bourguignons.

Les GOTHS, les VISIGOTHS et les OSTROGOTHS en Europe, au nord ; au sud de la Scandinavie.

Les LOMBARDS, en Germanie, entre l'Elbe (Albis) et la Vistule.

LES PEUPLES BARBARES SECONDAIRES SONT :

Les AVARES, peuple Scythe, nord de l'Asie

Les GÉPIDES, sur les bords de la mer Baltique, dans la partie méridionale de la Suède.

Les BULGARES en Asie, dans la partie méridionale de la Scythie.

Les VÉNÈDES, dans la Sarmatie européenne (Russie) sur es bords de la mer Baltique, depuis la Vistule jusqu'au golfe de Riga.

Les SLAVES dans la Sarmatie européenne, sur les bords de la mer Baltique, au sud des Vénèdes.

Les HONGROIS, sur les bords du Volga, dans la Sarmatie européenne ; puis ils s'établirent dans la partie de la Pannonie, qui, depuis, prit le nom de Hongrie.

Les GERMAINS. Ils habitaient le centre de l'Europe. On les confond aujourd'hui avec les Allemands ; on comprend sous ce nom tous les peuples qui habitaient vers les sources du Danube, dans la Germanie.

Les DANOIS et les NORMANDS en Europe, dans le Jutland et sur les côtes de la Norwége.

Les TURCS demeuraient au centre de l'Asie, au pied des monts Imaüs ; puis ils envahirent l'Asie-Mineure, et enfin s'emparèrent de la partie de l'Europe à laquelle ils donnèrent le nom de Turquie.

LES PEUPLES DE L'HISTOIRE DU MOYEN-AGE SONT :

Les FRANÇAIS, à l'O. de l'Europe. — Ils ont au N. l'Angleterre, au S. l'Espagne et la Méditerranée, à l'E. les États Sardes, la Suisse, l'Allemagne et la Belgique, et à l'O. l'océan Atlantique : *Paris*, *Lyon*, *Bordeaux*, *Marseille*, *Rouen*, *Nantes*, *le Hâvre*, *Dunkerque*; *Saint-Malo*, *Cette*, *Lille*, *Toulouse*, *Brest*, *etc.*

Les LOMBARDS, en Europe, dans le N. de l'Italie : *Milan*, *Venise*, *Pavie*, *Come*, *Lodi*, *Crémone*, *Mantoue*, *Brescia*, *Bergame*, *Chioggia*, *Vicence*, *Vérone*, *Trévise*, *Udine*.

Les ESPAGNOLS, au S.-O. de l'Europe. Ils sont bornés au N. par la France, au Sud par l'Afrique, dont ils son séparés par le détroit de Gibraltar, à l'E. par la Méditerranée, et à l'O. par le Portugal et l'Océan Atlantique : *Madrid*, *Cordoue*, *Séville*, *Barcelone*, *Salamanque*, *Bilbao*, *Oviédo*, *Valence*, *Saint-Jacques de Compostelle*.

Les **ARABES**, au Sud-Ouest de l'Asie, entre le golfe Persique, la mer Rouge et la Palestine, et, par la suite, dans toute l'Asie connue et dans le N. de l'Afrique : *Sana, La Mecque, Médine, Mascate, Moka.*

Les **MAURES**, au N. de l'Afrique. Ils s'établirent en Europe, au S. de l'Espagne : *Fez, Méquinez, Tanger, Salé.*

Les **SUÉDOIS**, au Nord de l'Europe, entre la Norwége, le Danemark et la mer Baltique : *Stockholm, Upsal, Gottembourg, Nykœping, Calmar.*

Les **NORWÉGIENS**, à l'Ouest de la Suède : *Christiania, Christiansand, Berghen, Drontheim, Drammen.*

Les ANGLAIS, en Europe, au N.-O., entre la Manche, qui les sépare de la France, la mer du Nord, qui les sépare des Pays-Bas, de l'Allemagne, du Danemark et de la Norwége, et l'Océan Atlantique : *Londres, York, Newcastle, Liverpool, Bristol, Manchester, Birmingham, Oxford, Douvres.*

Les ÉCOSSAIS, en Europe, au N.-O., au N. des Anglais : *Édimbourg, Perth, Glascow, Aberdeen, Inverness.*

Les IRLANDAIS, à l'Ouest des Anglais : *Dublin, Cork, Londonderry, Belfast, Waterford, Limerick.*

Les RUSSES. Ils occupent l'Est de l'Europe, le Nord de l'Asie et le N.-O. de l'Amérique : *Saint-Pétersbourg, Moscou, Arkangel, Riga, Odessa, Tangarok, Astracan, Bakou.*

Les **POLONAIS**, au centre de l'Europe, à l'Ouest de la Russie, au Nord de l'empire d'Autriche, et à l'Est de la Prusse : *Varsovie, Sandomir, Radom, Lublin, Augustowo, Plock.*

Les **DANOIS**, au N. de l'Europe. Ils ont pour bornes au N. la Suède, au S. l'Allemagne, à l'E. la mer Baltique, et à l'O. la mer du Nord : *Copenhague, Altona, Odensée, Kiel, Elseneur, Flensbourg.*

Les **HONGROIS**, au centre de l'Europe, au Nord de la Turquie, à l'Est des États Autrichiens : *Presbourg*, *Hermanstadt*, *Bude*, *Pesth*.

Les ALLEMANDS, tout le centre de l'Europe compris ntre la mer Baltique, le Danemark, la mer du Nord, les Pays-Bas, la France, la Suisse, l'Italie, la Turquie et la Russie ; les AUTRICHIENS : *Vienne*, *Lintz*, *Baden*. Les BOHÊMES, au centre de l'Allemagne : *Prague*, *Reischenberg*, *Éger*, *Carlsbad*.

Les **NAPOLITAINS** et les **SICILIENS**, au S. de l'Europe, dans l'extrémité méridionale de l'Italie et dans l'île de Sicile : *Naples*, *Capoue*, *Salerne*, *Cosenza*, *Catanzaro*, *Otrante*, *Palerme*, *Syracuse*.

Les **PORTUGAIS**, au S.-O. de l'Europe. Ils ont au Nord et à l'Est l'Espagne, à l'Ouest et au Sud l'Océan Atlantique : *Lisbonne*, *Sétuval*, *Porto*, *Coïmbre*, *Evora*, *Braga*, *Bragance*.

Les **MONGOLS**, dans l'Asie centrale, au N. de la Chine : *Kachgar*, *Samarkand*.

Les **SUISSES**, au S.-E. de la France. Ils sont resserrés entre l'Allemagne, la France, les États Sardes et l'empire d'Autriche : *Bâle*, *Berne*, *Lucerne*, *Genève*, *Soleure*, *Schwitz*, *Coire*, *Lausanne*, *Saint-Gall*, etc.

LES PEUPLES DE L'HISTOIRE MODERNE SONT :

Les TURCS. Ils occupent la partie S.-E. de l'Europe qui se trouve entre la mer Noire, la Russie, l'empire d'Autriche, la mer Adriatique, la mer Méditerranée et l'Archipel. En Asie, la partie S.-O. qui a pour bornes : au N. la mer Noire, le Caucase et la mer Caspienne, à l'O. l'Archipel au S. la Méditerranée et l'Arabie, à l'E. la Perse. En Afrique ils possèdent nominativement l'Égypte, etc. : *Constantinople*, *Belgrade*, *Salonique*, *Smyrne*, *Pruse*, *Jérusalem* *Larnica (Chypre)*, *Galatz*, *Braïlow*.

Les **AMÉRICAINS**, dont les principaux peuples sont :

Les Anglo-Américains, du nord : *Kingston*, *Niagara*, *Québec*, *Montreal*, *Halifax*, *St-John*.

Les États-Unis, à l'E. de l'Amérique septentrionale. *Washington*, *Philadelphie*, *New-York*, *Boston*, *Nouvelle-Orléans*, *Augusta*, *Jakson*, *San-Francisco*.

Les Mexicains, au S.-O. de l'Amérique septentrionale, à l'O. du golfe du Mexique : *Mexico*, *Oaxaca*, *San-Luis*, *Vallaldolid*, *Guadalaxara*.

Les Péruviens, dans l'Amérique méridionale, à l'O. : *La Plata*, *La Paz*.

Les Brésiliens, dans l'Amérique méridionale, à l'E. : *Rio-Janeiro*, *Saint-Augustin*, *Fernambouc*, *Bahia*.

Les **HOLLANDAIS** et les **BELGES**, en Europe, au N.-E. de la France, et au N.-O. de l'Allemagne : *La Haye*, *Amsterdam*, *Rotterdam*, *Bruxelles*, *Leyde*, *Flessingue*, *Utrecht*, *Nimègue*, *Maestricht*, *Luxembourg*, *Groningue*.

Les PRUSSIENS, en Europe, au N. de l'Allemagne et à l'O. de la Russie : *Berlin*, *Dantzick*, *Kœnigsberg*, *Aix-la-Chapelle*, *Trèves*, *Cologne*, *Dusseldorf*, *Francfort*, *Stettin*, *Stralsund*, *Breslau*, *Posen*, *Tilsitt*, *Erfurth*, *Munster*, *Coblentz*.

Les **BAVAROIS**, en Europe, dans l'Allemagne, à l'O. de l'empire d'Autriche : *Munich*, *Augsbourg*, *Ratisbonne*, *Ingolstadt*, *Passau*, *Anspach*, *Spire*.

Les **WURTEMBERGEOIS**, en Allemagne, à l'O. de la Bavière et au N. de la Suisse : *Stuttgard*, *Uulm*, *Reutlingen*, *Hall*.

Les **SAXONS**, en Allemagne, au N. de l'empire d'Autriche et au N.-E. de la Bavière : *Dresde*, *Leipsik*, *Glauchau*, *Chemnitz*, *Plauen*, *Bautzen*.

Les **NOUVEAUX GRECS**, au S. de la Turquie d'Europe :

Athènes, *Corinthe*, *Tripolitza*, *Navarin*, *Livadie*, *Lépante* *Missolonghi*, *Castri* (*Delphes*).

Les **HANOVRIENS**, au N.-E. de l'Allemagne : *Hanovre*, *Hildesheim*, *Lunebourg*, *Gœttingue*, *Stade*, *Osnabruck*. *Emden*.

Les **ITALIENS**, au N. et au S. de la presqu'île Italique : *Turin*, *Milan*, *Florence*, *Naples*, *Palerme*.

Observations et Exercices sur la deuxième partie.

Cette partie est toute géographique. On ne saurait trop familiariser l'élève avec la situation des peuples ; c'est un exercice qui a besoin d'être souvent répété.

Quand cette situation sera sue *d'une manière imperturbable*, il est essentiel de faire tracer deux cartes :

1. Celle du monde ancien, en y faisant placer les peuples que l'on connaît déjà, puis les villes, etc.

2. Celle du monde tel que nous le connaissons aujourd'hui, avec les peuples du moyen-âge et de l'histoire moderne, les villes citées, etc.

MODÈLE DE QUESTIONS.

1. *Où se trouve tel peuple, et quelles sont les villes principales du pays qu'il habitait ou habite?*
2. *A quel pays appartiennent ou appartenaient telles villes?*
3. *Quel est le peuple qui se trouvait ou se trouve dans telle situation!*

Toutes les questions que le professeur adressera seront transcrites sur un cahier particulier.

Nous ne saurions trop recommander de faire toujours marcher la géographie avec l'histoire.

Tous les peuples de cette deuxième partie répondent aux numéros de la première.

Troisième Partie.

PRINCIPALES VICISSITUDES DES PEUPLES.

HISTOIRE ANCIENNE.

PEUPLES DONT L'HISTOIRE EST PRESQUE INCONNUE.

En Asie.

Les INDIENS sont *probablement* les plus anciens peuples du monde et les premiers instituteurs des autres nations ; leur position géographique, leurs traditions historiques, et la langue sacrée des *Bramines*, leurs prêtres, attesteraient leur haute antiquité ; cependant leur histoire est peu connue. On a écrit que Bacchus, héros grec du 14e siècle avant J.-C., fit la conquête des Indes ; que *Sémiramis*, reine d'Assyrie au 20e siècle, en assujétit une partie; que les Perses s'y montrèrent en vainqueurs (5e siècle); mais, ce qui est plus certain, c'est l'expédition d'Alexandre-le-Grand dans cette contrée. Ce conquérant vainquit Porus (327), un de ses rois les plus braves, et ne poussa pas se conquêtes plus loin que le fleuve Indus.

Les Indiens furent peu connus des Romains. Au moyen-âge et dans l'histoire moderne, on les voit successivement soumis par plusieurs nations, jusqu'à la mort de Tippo-Saëb, roi de Mysore (18e siècle), assiégé et tué à Séringapatam, le 4 mai 1799, par les Anglais qui sont aujourd'hui maîtres d'une grande partie des *Indes*.

Les CHINOIS sont peu connus, malgré leurs hautes prétentions; ils sont restés isolés, et ont peu communiqué avec les autres peuples. Trois personnages sont surtout célèbres parmi eux : *Fohi*, qu'ils regardent comme leur fondateur (30e siècle avant J.-C.); *Yao*, leur législateur et le modèle de leurs rois (17e siècle), et *Confucius*, philosophe du 6e siècle avant J.-C. (551-479) dont ils vénèrent la mémoire. Les Chinois ont été soumis : dans le 13e siècle après J.-C., par les Tartares-Mongols (1279), et dans le 17e siècle (1644), par les *Tartares-Mantchoux*, qui se sont assis sur le trône et ont adopté leurs lois et leurs coutumes. *Tao-Kouang* (splendeur de la raison) qui occupait le trône depuis 1820, ne craignit pas, en 1840, de déclarer la guerre aux Anglais, qui, malgré ses ordres, avaient apporté de l'opium dans ses États. L'avantage est resté à l'Angleterre (1842). *Tao-Kouang* mort en 1850, a laissé l'empire à son fils *Y-Ching*.

Les JAPONAIS; leur histoire paraît fabuleuse et se confond souvent avec celle des Chinois; nous n'avons connaissance de ce pays que depuis le 13e siècle, par un voyageur Vénitien nommé *Marco Paolo*. Ils sont moins connus encore que leurs fondateurs.

Les SCYTHES descendaient, suivant la Bible, de Magog fils de Japhet. Établis d'abord près de l'*Araxe*, ils s'emparèrent de l'Asie-Mineure, dans le 7e siècle avant J.-C., et pénétrèrent en Europe et en Afrique. Cependant ils renoncèrent à leurs conquêtes, et rentrèrent dans leur pays. C'est en vain que les Perses et les Macédoniens voulurent les soumettre, ils étaient indomptables dans leurs déserts. Dans le 5e siècle après J.-C., ils s'unirent aux Sarmates pour envahir l'empire romain. Les Huns étaient des Scythes.

En Afrique.

Les ÉTHIOPIENS étaient, dit-on, d'origine indienne, ils passaient pour avoir civilisé les premiers habitants de l'Égypte. Un auteur grec du 10e siècle avant J.-C., Homère, les appelle *les plus sages des hommes et les favoris des Dieux ;* mais leur histoire nous est inconnue.

En Europe.

Les CELTES, d'origine *Indo-germanique*, entreprirent un grand nombre d'émigrations; ils se répandirent dans toute l'Europe, et pénétrèrent dans l'Asie-Mineure. Ils se sont confondus avec d'autres races. Leur idiome paraît avoir servi de racine aux langues d'Occident. Les *Druides* étaient leurs prêtres, les *Bardes* leurs poètes. Les Gaulois étaient des Celtes.

Les BASQUES, un des plus anciens peuples de l'Europe, descendent probablement des *Ibériens* d'Espagne, dont l'origine se perd dans la nuit des temps. Ils parlent une langue primitive et étrangère à toutes celles que l'on connaît, à l'exception de quelques mots latins et germaniques. Ils ont été soumis successivement par les Romains, les Visigoths, les Arabes d'Afrique, et se trouvent aujourd'hui des deux côtés des Pyrénées, en France et en Espagne. La bravoure et l'adresse des Basques sont célèbres dans l'antiquité ; leur vrai nom est *Escualdunacs.*

Les IBÉRIENS ou HISPANIENS (Espagnols) étaient en partie d'origine phénicienne. Ils furent successivement soumis par les Carthaginois et les Romains, et leur pays fut le théâtre de guerres longues et terribles entre les deux peuples. Dans le 5e s. l'Espagne fut envahie par les Suèves, les Alains, les Vandales et les Visigoths. Ces derniers s'y établirent définitivement.

PEUPLES DONT ON CONNAIT L'HISTOIRE.

Les ÉGYPTIENS eurent pour fondateur *Ménès* (2467), dans le 25ᵉ siècle. Ils furent gouvernés pendant dix-neuf siècles par leurs propres rois, jusqu'au moment où *Cambyse*, roi de Perse, les soumit, sous le dernier roi Psamménit (525); Alexandre-le-Grand, roi de Macédoine, réunit leur pays à son vaste empire en 333. Un des généraux de ce conquérant, Ptolémée Lagus, monta sur le trône d'Egypte en 308, et fut le chef de la famille des *Lagides*, qui gouverna jusqu'à la mort de la reine *Cléopâtre*, vaincue à *Actium* par Octave (31 avant J.-C.). Les Égyptiens furent dès-lors soumis aux Romains. Après la chute de l'empire romain d'Occident (476 après J.-C.), ils passèrent sous les lois des Arabes (639 après J.-C.), et, depuis le 16ᵉ siècle, ils dépendent de l'empire Turc (1517). Ils sont gouvernés par le vice-roi Abbas-Pacha, petit-fils et successeur de Méhémet-Ali (1855).

Les HÉBREUX eurent pour premier patriarche Abraham (23ᵉ s. 2296). Jacob, son petit-fils, quitta la terre de Chanaan, et alla s'établir en Égypte; mais les Hébreux y étaient réduits à la servitude; Moïse les fit sortir de cet esclavage en 1645; ensuite ils se fixèrent dans la Judée (1605), et furent gouvernés d'abord par des *juges* (1554), ensuite par trois *rois* (1080) : *Saül*, *David* et *Salomom* (11ᵉ siècle). Ils se séparèrent en deux royaumes, celui d'*Israël* et celui de *Juda* (962), qui furent soumis successivement par les Assyriens (718) et les Babyloniens (587). Après 70 ans de captivité, que l'on compte depuis 606, Cyrus permit aux Hébreux de retourner en Palestine (536) ; ils furent alors gouvernés par des *pontifes*, parmi lesquels on remarque les Machabées (169). Ils tombèrent au pouvoir des Romains sous l'empereur Titus, qui prit et détruisit Jérusalem (70 ans après J.-C.) Révoltés sous Adrien ils furent de nouveau soumis par ce prince qui les chassa pour jamais de leur pays, l'an 135.

Les ASSYRIENS eurent pour fondateur *Bélus*, dans le 20e s. avant J.-C. (1993), et brillèrent sous Ninus (1968) et Sémiramis (1916), qui étendirent au loin les bornes de leurs états; leur premier empire fut détruit sous le faible Sardanapale (759), dans le 8e siècle. Trois royaumes s'éle-vèrent sur ses débris : celui des Mèdes sous *Arbacès*, celui des Babyloniens sous *Bélésis*, et celui des Ninivites sous *Phul* ou *Sardanapale II*. Ce dernier royaume fut réuni par *Nabopolassar* au royaume de Babylone, et ce nouvel empire prit le nom de *second empire assyrien*. Il dura moins d'un siècle (625-538), et compta six rois, dont le plus célèbre fut Nabuchodonosor II, qui prit et détruisit Jérusalem (606). Sous le roi *Balthazar*, l'empire d'Assyrie fut réuni à celui des Perses par Cyrus (538), au 6e siècle.

Les MÈDES se civilisèrent de bonne heure, et devinrent le plus puissant des états qui se formèrent aux dépens du premier empire d'*Assyrie*. *Arbacès* en fut le premier roi, 8e s. (759). *Déjocès* mit fin à la longue anarchie qui suivit la mort de ce prince (733) ; après lui régnèrent *Phraorte*, *Cyaxare I*, *Astyage* (595) et *Cyaxare II*. Cyrus réunit alors ce royaume à la Perse (536).

Les PHÉNICIENS eurent pour fondateur Agénor en 1640. Navigateurs et commerçants, ils fondèrent de nombreuses colonies, telles que celles de Carthage, de Gadès, etc. Ils furent successivement soumis par les Assyriens, les Babyloniens, les Perses, les Macédoniens, les Romains, les Arabes, les Mamelucks et les Turcs ; ces derniers sont aujourd'hui les maîtres de la *Phénicie*, qui ait partie de la Syrie.

Les GRECS, d'origine Pélasgique, tinrent longtemps le premier rang parmi les peuples; ils reconnaissent pour fon dateur Cécrops (1582). Quatre âges ou époques mémorables ont marqué leur histoire. *Dans le premier âge*, se fondent plusieurs villes, et sont renfermés des évènements héroïques et fabuleux, tels que la guerre de Troie (1280), l'expédition des Argonautes (1350), les malheurs d'OEdipe, etc., (1313) : c'est l'enfance de la Grèce ; *dans l· deuxième âge*, le Péloponèse est envahi par les Héraclide ou descendants d'Hercule (12e siècle), des lois sages son· données par Lycurgue à Sparte (9e s. 866), par Dracon e· Solon à Athènes (6e s. 594) : c'est la jeunesse de la Grèce ; *dans le troisième âge*, les Grecs brillèrent, sous Périclès (445), dans les arts, les sciences, les armes : c'est le beau temps ou la virilité de la Grèce (5e siècle) ; *dans le quatrième âge*, la Grèce est successivement soumise par les Macédoniens et les Romains, qui la réduisirent en province romaine (2e s. avant J.-C. 146).

Les principaux peuples de la Grèce étaient : les Athéniens, les Thébains, les Spartiates les Corinthiens et les Mycéniens.

Les **ATHENIENS**, dont Cécrops était le fondateur (1582), furent successivement gouvernés par des *rois*, jusqu'au dévouement de Codrus (12e s. 1132), et par des *archontes*, jusqu'au 4e siècle (308). Soumis par les Lacédémoniens après la guerre du Péloponèse (431-404), trente tyrans régnèrent sur eux. Ils recouvrèrent leur liberté, qu'ils conservèrent jusqu'au temps où ils furent subjugués par les Romains, dans le 2e s. avant J.-C. (146).

Les **THÉBAINS**, qui reconnaissent Cadmus pour fondateur (1580), furent puissants sous *Épaminondas*, vainqueur à Leuctres et à Mantinée (363), et *Pélopidas* (4e s. 365) ; mais s'étant révoltés contre Alexandre-le-Grand, ce prince prit ·t rasa Thèbes, leur capitale ; depuis ils s'affaiblirent peu à ·eu, et tombèrent sous la domination des Romains, avec ·oute la Grèce (146).

Les **SPARTIATES** eurent pour fondateur Lelex, dans le 16e s. 1516 ; ils furent gouvernés successivement par des rois, qui furent dépossédés par les Héraclides ou fils d'Hercule (1190) : depuis, deux rois régnèrent conjointement à Sparte; les lois de Lycurgue firent le bonheur de ces peuples (9e s.). Ils vainquirent les Athéniens à *AEgos-Potamos* (405), mais ils furent soumis, avec toute la Grèce, au pouvoir des Romains (2e s. avant J.-C. 146).

Les **CORINTHIENS**, dont le fondateur fut Sisyphe, de race Hellénique (14e s. 1328), furent successivement gouvernés par des rois et par des magistrats appelés *Prytanes*. Les guerres avec Corcyre, leur principale colonie, furent l'occasion de la guerre du Péloponèse (431); ils furent soumis par les Macédoniens (335), et en 243 Aratus les fit entrer dans la ligue Achéenne. Leur commerce et leurs richesses excitèrent la jalousie des Romains, qui rasèrent Corinthe, leur capitale (146), sous le commandement de *Mummius*, Corinthe passa successivement aux Hérules, aux Wisigoths, aux Slaves, aux Français (1205), aux Vénitiens jusqu'en 1714; aux Turcs jusqu'en 1821 ; elle fait aujourd'hui partie du royaume de Grèce (1855).

Les **MYCÉNIENS** eurent pour fondateur Persée (1348), dans le 14e s. Les descendants d'Hercule, ou *Héraclides*, détruisirent leur royaume et l'incorporèrent à celui d'Argos (1190); Mycènes, leur capitale, fut détruite de fond en comble, au 5e s. avant J.-C. (425), par les Argiens, jaloux de ce que cette ville avait envoyé quatre-vingts guerriers aux Thermopyles, pour combattre les Perses.

Les LYDIENS eurent pour fondateur Méon ou Manès (16e siècle, 1579). Trois dynasties les gouvernèrent successivement : 1° les Atyades; 2° les Héraclides; 3° les Mermnades. Crésus, leur dernier roi, riche et belliqueux, conquit presque toute l'Asie-Mineure, et fut à son tour vaincu par Cyrus (6e s. 548) à Thymbrée. La Lydie devint alors une province perse, et passa ensuite des Macédoniens aux Syriens et aux Romains. Elle fait aujourd'hui partie de la Turquie d'Asie, dans l'Anatolie.

Les TROYENS eurent pour fondateurs Dardanus et Teucer (1506) ; ils furent gouvernés par une suite de rois jusqu'à Priam, sous lequel eurent lieu le siége et la prise de Troie par les Grecs (1280 à 1270), confédérés sous *Agamemnon*, roi d'Argos. Le pays où se trouvait Troie, dans l'Asie-Mineure, appartint ensuite aux Turcs (14ᵉ s. ap. J.-C.).

Les CARTHAGINOIS. Phéniciens d'origine, eurent pou fondatrice Didon, sœur de Pygmalion, roi de Tyr (9ᵉ s. av. J.-C. 860); ils étaient célèbres par l'étendue de leur commerce. Ils eurent trois guerres avec les Romains : — *dans la première*, ils perdirent la Sicile ; — *dans la seconde*, Annibal, leur général, fut vaincu à Zama (202), par Publius Scipion ; — *dans la troisième*, Carthage, leur ville, fut réduite en cendres par Scipion Emilien (146); c'est ce qu'on appelle *guerres puniques*. Auguste relève Carthage qui devient la ville la plus importante de l'Afrique romaine ; le christianisme y fit de rapides progrès. En 439, les Vandales s'en emparèrent ; mais le général *Bélisaire* la recouvra sous l'empereur d'Orient Justinien (534). Les Arabes la ruinèrent (698). Les ruines de Carthage se trouvent à 4 lieues de Tunis.

Les ROMAINS, le peuple le plus célèbre de l'antiquité, eurent pour fondateur Romulus, dans le 8ᵉ s. (753); ils furent gouvernés pendant deux siècles et demi par sept *rois* : Romulus (753), Numa-Pompilius (714), Tullus-Hostilius (671), Ancus-Martius (639), Tarquin l'Ancien (615), Servius-Tullius (578), Tarquin-le Superbe (534-509).

Pendant cinq siècles, leur gouvernement prit la forme d'une *république*, à la tête de laquelle étaient des consuls 509) : c'est l'époque brillante des Romains. Ils domptèrent les peuples de l'Italie, détruisirent Carthage (146), réduisirent sous leur domination les Macédoniens, les Grecs (146) es Égyptiens (29) et tous les peuples connus, excepté les Germains et les Parthes.

L'*empire* succéda à la république ; il dura cinq siècles : Octave fut le premier empereur. Les Romains étaient alors les maîtres du monde; mais des guerres civiles, le lûxe, les vices et la faiblesse de la plupart des successeurs d'Auguste, précipitèrent l'empire vers sa décadence qu'avait préparée Constantin (306-337), en transportant le siége de la puissance romaine à Byzance (330). En 476, l'Empire d'Occident fut envahi par les Barbares, et de nouveaux états s'élevèrent sur ses ruines; c'est l'origine des *peuples modernes.*

Les PERSES avaient des rois particuliers du temps d'Abraham (23e siècle), qui vainquit l'un d'eux, nommé Chodorlahomor ; ses successeurs sont inconnus ; ils portaient le nom d'*Achéménides* d'Achémènes, leur premier roi; soumis par Phraortes, roi des Mèdes (690), les Perses passèrent avec eux sous la domination des Assyriens. Le véritable fondateur de l'empire des Perses est Cyrus, fils de Cambyse et de Mandane, fille d'Astyage, roi des Mèdes (560-530) ; ce fut un des plus grands conquérants de son siècle ; il conquit la Lydie, l'Asie-Mineure et l'Assyrie. Cambyse, son fils, ajouta l'Egypte à ce vaste empire (525); les guerres persiques contre les Grecs, eurent lieu sous Darius, fils d'Hystaspe, qui fut vaincu à Marathon (490), par Miltiade. Xercès, son fils, vainqueur aux Thermopyles, malgré le dévouement de Léonidas, fut défait par Thémistocle à Salamine (480), et s'enfuit dans une barque. Sous Artaxercès-Mnémon, rival de son frère, Cyrus-le-Jeune, eut lieu la *retraite des dix mille* Grecs (401), et sous *Darius-Codoman*, l'empire des Perses tomba au pouvoir d'Alexandre-le-Grand, roi de Macédoine (330 avant J.-C.). Après la mort d'Alexandre (323), l'empire Perse fut démembré, et après la domination des *Séleucides,* ses débris grossirent l'empire Romain (64).

Les MACÉDONIENS eurent pour véritables fondateurs Philippe (360-336) et Alexandre-le-Grand son fils. Sous ce dernier, la Macédoine devint la dominatrice de la Grèce (336) : il traverse l'Asie en vainqueur, s'empare de l'Égypte, des Indes, et devient maître de la moitié du monde connu (331). Après la mort de ce conquérant (323), le vaste empire de la Macédoine fut divisé entre ses quatre généraux (301) : *Cassandre* eut la Macédoine; *Lysimaque*, la Thrace; *Séleucus*, la Syrie; *Ptolémée*, fils de Lagus, l'Égypte. Tous ces royaumes tombèrent successivement sous la domination des Romains, et la Macédoine fut partagée en districts après la défaite de son dernier roi, *Persée*, vaincu à Pydna (168), par le général Paul-Emile; enfin, elle fut réduite en province romaine (147) après que Métellus eut défait, près de la même ville, l'imposteur *Andriscus*, qui voulait se faire passer pour Philippe, fils de Persée (147 avant J.-C.).

Les SYRIENS étaient des peuples très anciens : ils étaient commerçants, populeux et riches; ils se gouvernèrent d'abord par leurs propres lois, et sous des souverains peu connus. Ils furent successivement soumis par les Assyriens, les Perses et les Macédoniens. A la mort d'Alexandre-le-Grand (323), Séleucus devint leur roi et le fondateur de l'immense royaume de Syrie (301), qui comprenait presque tout l'empire Perse.

Les Syriens jetèrent un grand éclat sous les rois Séleucides, dont le dernier, Antiochus XIII, l'Asiatique, fut détrôné par le général romain Pompée, l'an 64 avant J.-C. La Syrie fut alors réunie à la république romaine (1er s. avant J. C.). Dans le moyen âge, la Syrie tomba au pouvoir des Arabes (634,) des Chrétiens, des Égyptiens, et aujourd'hui elle fait partie de l'empire Ottoman, qui a permis aux Maronites et aux Druses, habitants de la Syrie, d'avoir des chefs indigènes (1855).

Les PARTHES, Scythes d'origine, eurent pour fondateur Arsace, qui s'affranchit du joug des Séleucides, chef de la dynastie puissante des *Arsacides* (256). Ils résistèrent longtemps aux Romains; mais Artaxerce, simple soldat persan, enleva le trône et la vie à Artaban IV (226), et le royaume des Parthes, qui avait duré près de cinq siècles, fut transféré aux nouveaux Perses.

Les NOUVEAUX PERSES eurent pour fondateur Artaxerce, chef de la dynastie des *Sassanides*, ainsi nommée de Sassan, son aïeul. Sapor I, son fils et son successeur (238), et Chosroès-le-Grand (531-579), étendirent considérablement l'empire. Les Arabes, les Mongols (1258), et les Turcomans (1468), vainquirent les Perses; mais dans le 15e siècle, une nouvelle dynastie s'éleva; elle fut fondée par Ismaël-Sophi, dont un des descendants, Feth-Ali-Châh, réorganisa l'empire d'Iran (1796), quoique la Russie (1827) lui ait enlevé la partie de l'Arménie où se trouve Erivan — Le prince régnant est Nereddin-Chah (1853).

L'EMPIRE ROMAIN D'ORIENT était devenu un empire à part dans le 4e siècle de J.-C. (364), sous l'empereur Valens, lors de la séparation de la monarchie romaine en deux parties. Trois empereurs, *Gratien* (375), *Valentinien II* (383) et *Théodose-le-Grand* (394), y avaient réuni momentanément l'empire d'Occident; mais à partir d'Arcadius, fils et successeur de Théodose (395), les deux empires furent toujours séparés. L'empire d'Occident s'écroula, en 476, sous les coups des Huns, des Visigoths, des Francs, etc. L'*empire d'Orient*, appelé aussi Bas-Empire, et Empire Grec, tomba en décadence par les vices du gouvernement. Ses provinces furent successivement envahies par les Sarrazins et les Turcs. Dans le 13e s. (1204), les *Croisés* s'emparèrent de Constantinople, et fondèrent un nouvel empire, sous la domination des Francs ou des Latins. Après soixante ans, les Grecs le reprirent; mais en 1453, l'empire d'Orient, gouverné par *Constantin XII Dracosès*, fut détruit par Mahomet II, empereur des Turcs. L'ancien empire d'Orient est aujourd'hui partagé entre les Turcs en Europe et dans l'Asie Occidentale, les Grecs au S.-E. de l'Europe et les Epyptiens au N.-E. de l'Afrique.

EXERCICES
SUR LES
Principales Révolutions des peuples de l'histoire ancienne.

L'élève devra dire sur une carte ancienne les vicissitudes, en désignant avec promptitude les villes et les peuples qui sont indiqués. On change à chaque instant le point de *départ* et le point d'*arrivée*. Quand on aura suffisamment exercé l'élève, il sera bon de l'interrompre, et de lui adresser des questions partielles concernant tous les peuples qu'il a étudiés. On le fait revenir ensuite à l'explication qu'on lui avait demandée en premier lieu, par ce mot : *Continuez :*

A ÉCRIRE.—Un tableau où seront placées, avec goût et propreté, toutes les premières analyses des peuples anciens ; au milieu sera dessinée la carte du monde ancien ; deux colonnes seront consacrées aux grands hommes de chaque histoire, aux villes dont il est parlé dans chacune d'elles.

(*Voir dans le Recueil des Tableaux historiques* les mœurs et les coutumes de la Grèce et de l'Italie anciennes.

MODÈLE DE QUESTIONS.

1. *Que signifie le mot vicissitudes ?*
2. *Racontez les vicissitudes des Égyptiens, des Hébreux, des Romains ? etc.*
3. *Quels sont les peuples qui ont eu des relations politiques ? Motivez votre réponse.*
4. *Quelle est l'origine de tel peuple ? Son moment d'éclat ? Sa chute ?*
5. *Dans quelle histoire trouvez-vous Cléopâtre, Didon, Alexandre ? etc.*
6. *De quelles villes parle-t-on dans les vicissitudes ?*
7. *Faites un voyage dans l'ancien monde et nommez les peuples avec leur fondateur, leurs villes principales et leurs vicissitudes.*
8. *Analysez historiquement chaque peuple : par les hommes, par les évènements, par les villes.*

OBSERVATION.

Toutes ces questions seront résolues sur le cahier par l'élève *seul ;* tantôt on fera écrire les noms propres par syllabes, tantôt par lettres alphabétiques. Il en sera de même des *lieux remarquables.*

HISTOIRE DU MOYEN-AGE.

PAPES.

Le nom de pape signifie *père :* il se donnait autrefois à tous les évêques ; mais depuis Grégoire VII, pape du 11e siècle, il a été particulier à l'évêque de Rome.

La principale source de la grandeur temporelle des pontifes commença sous Pépin (756) et sous son fils Charlemagne (800); mais l'époque de la plus grande extension de la puissance de l'Eglise eut lieu sous Grégoire VII, à la fin du 11e siècle (1073).

Sous Urbain II (11e s. 1088-1099), commencèrent les croisades (1095) ; sous Innocent III (1198-1216), la guerre des Albigeois, en 1209 ; sous Boniface VIII (1294-1303), la convocation des états généraux en France en 1302 ; sous Clément V (1305-1314), l'abolition de l'Ordre Militaire des Templiers en 1307, et la translation du pontificat à Avignon (1309) ; sous Léon X, de la famille de Médicis (16 s. 1513-1521), la renaissance des lettres et la réforme de Luther (1517) ; sous Clément VII de Médicis (16e s. 1523-1534). le schisme ou la réforme religieuse d'Angleterre (1534) ; sous Grégoire XIII (1572-1585) la réforme du calendrier (1582) ; sous Sixte-Quint, Peretti (1585-1590), surnommé le pâtre de *Montalte,* la réorganisation de l'administration pontificale, et l'érection à Rome de magnifiques monuments.

Les Français envahirent les états de l'Eglise (1798) ; deux papes furent conduits prisonniers en France, Pie VI (1775-1799) et Pie VII, 1808 (1800-1823); mais en 1814 le congrès de Vienne rendit au saint-siége ses propriétés, à l'exception du comtat d'Avignon.

Pie VII a eu pour successeurs Léon XII (1823-1829); Pie VIII (1829-1830); Grégoire XVI (1831-1846); Pie IX est aujourd'hui sur le trône pontifical; en 1848, il se vit forcé de fuir de Rome et de se retirer à Gaëte ; l'année suivante il fut rétabli par la France qui a laissé son armée à Rome, pour protéger les états du pape (1855) contre de nouvelles révolutions.

RÉPUBLIQUE DE SAINT-MARIN.

Au Nort-Est mentionnons dans les états du saint-siége, la petite république de *Saint-Marin*, sous la protection du pape ; elle a été fondée au 6ᵉ siècle par un tailleur de pierre nommé *Marin*, qui se retira dans ce lieu pour se consacrer à la prière. Cette petite république de 6,000 h. a toujours été respectée et se refusa même, sous Bonaparte, (1797) à tout agrandissement.

FRANÇAIS.

Les Francs s'emparèrent des Gaules, et sous Clovis, leur roi (481) 5ᵉ s., ils fondèrent le royaume de France. Trois principales dynasties ont gouverné successivement les Français sans interruption jusqu'en 1792.

La *mérovingienne*, sous laquelle on remarque l'établissement du christianisme, et la défaite des Sarrazins par Charles-Martel, maire du palais d'Austrasie (732); la faiblesse des rois causa la chute de cette dynastie (752).

La *carlovingienne*, où l'on remarque Charlemagne (8ᵉ s. 768-814), qui étendit sa puissance sur presque toute l'Europe, mais avec lequel s'éteignit pour quelque temps la gloire de la nation.

La *capétienne* (987), qui vit s'accomplir de grands évènements, tels que les croisades (1095), les guerres d'Angleterre (1328), les guerres d'Italie (1498), les guerres de religion (16e s. 1559). Parmi les familles de cette race, nou distinguerons celle des *Bourbons* (1589), qui éleva la France à son plus haut point de gloire.

En 1789, une révolution terrible éclata, et, en 1792, la France fut constituée en *République*. Érigée en *Empire* en 1804, elle fut gouvernée par NAPOLÉON, qui donna des lois à l'Europe entière. Enfin, après des alternatives de succès et de revers, la famille des Bourbons remonta sur le trône en 1814. La révolution de 1830 en précipita la branche aînée ; la branche cadette qui lui avait succédé dans la personne de Louis-Philippe I, né le 6 octobre 1773, fut renversée à son tour, et une troisième révolution a fondé la République française, le 24 février 1848. Le Prince Louis-Napoléon Bonaparte a été nommé Président, le 10 décembre 1848 ; le *suffrage universel* l'a élu une seconde fois, 21 décembre 1851, et proclamé empereur le 2 décembre 1852 ; il est né en 1808.

LOMBARDS.

Les Lombards venaient des bords de la mer Baltique ; ils envahirent le nord de l'Italie où ils fondèrent un royaume sous *Alboin* leur premier roi, dans le 6e s. (568). Deux siècles après, Pépin-le-Bref leur enleva l'Exarchat de Ravenne au profit du Pape, en 756. Ils furent soumis par Charlemagne, roi de France, qui vainquit Didier leur dernier roi (774). Pendant les guerres de Guelfes (partisans du pape) et des Gibelins (partisans de l'empereur d'Allemagne), ils se rendirent indépendants (1167). Après bien des vicissitudes, leur pays échut à l'empire d'Autriche en 1748, au traité d'Aix-la-Chapelle; en 1848, aidés du Piémont, ils tentèrent de s'affranchir; retombèrent sous les lois de l'Autriche après la défaite de *Novare*, 23 mars 1849; font partie du royaume d'Italie par suite de la guerre de 1859.

ESPAGNOLS.

Les Visigoths s'établirent en Espagne, après avoir vaincu les Suèves, les Alains et les Vandales (585); la monarchie qu'ils fondèrent fut détruite par les *Maures* au 8e s. (711); mais peu à peu ils reconquirent leurs provinces, et en 1474 (15e s.), le mariage d'Isabelle de Castille avec Ferdinand V d'Aragon, vit commencer l'histoire d'Espagne proprement dite. Les Maures furent expulsés (1492), et *la maison d'Autriche* vint régner en Espagne (1516). Charles-Quint (16e s.), qui en fut le héros, eut pour successeur le farouche Philippe II, les faibles Philippe III et Philippe IV, et Charles II, le dernier roi (1700). La *maison de Bourbon* hérita de ce pays dans la personne de Philippe V, petit-fils de Louis XIV. En 1808, Charles IV fut obligé d'abdiquer la couronne, que Napoléon donna à son frère Joseph. Ferdinand VII, fils de Charles IV, remonta sur le trône en 1813. Né le 14 octobre 1784, il est mort le 29 septembre 1833. Sa fille Isabelle lui a succédé le 2 octobre 1833. Par la révolution de septembre 1868, sa déchéance a été décrétée, et le maréchal Serrano, nommé président de la Junte suprême révolutionnaire.

RÉPUBLIQUE D'ANDORRE.

Nous ne croyons pas inutile de faire ici mention de la petite république d'*Andorre*, enclavée dans l'Espagne entre Foix et Urgel; elle compte 16,000 habitants, elle est sous la protection de l'évêque d'Urgel. Henri IV, comme comte de Foix, réunit à la France sa part de souveraineté sur l'*Andorre*, qui s'est rendu indépendant en 1790.

ARABES.

Les Arabes conquirent, sous Mahomet, leur législateur (7e s. 622), une grande partie de l'Asie. Après la mort de leur prophète (632), sous leurs Califes, ils s'emparèrent du nord de l'Afrique (692-708), de l'Espagne (711), et s'avancèrent même jusqu'en France, d'où ils furent chassés par Charles-Martel (732). Les Maures, les Turcs et les Mongols leur enlevèrent toutes leurs conquêtes, 16e et 17e s. Après bien des vicissitudes, les Turcs les réduisirent sous leur domination (1516) ; puis ils devinrent sujets des *Wahabites*, tribu arabe refoulée dans ses premières limites par les Egyptiens qui possèdent aujourd'hui une grande partie de l'*Hedjaz*, à l'ouest de l'Arabie. Le chérif Vahia gouverne actuellement ces pays ; les autres Arabes sont indépendants et la plupart nomades ; on les nomme Bédouins.

Les principales familles qui gouvernèrent les Arabes sont les *Ommiades* et les *Abbassides.*

Califat. — Dans l'histoire des Arabes, on remarque le gouvernement des *Califes* ou vicaires de Mahomet ; ces princes réunissaient le pouvoir temporel et le pouvoir spirituel ; on distingue trois grands *Califats.*

1° Celui de *Cordoue*, fondé en 756 par Abdérame, de la famille des *Ommiades*, et démembré en 1031.

2° Celui d'*Egypte* ou des Fatimites, fondé en 908 par *Obéidollah*, descendant de Fatime, fille de Mahomet et d'Ali, et renversé en 1171, par Saladin, sultan d'Égypte.

3° Celui d'*Orient*, dont le siége fut à *La Mecque* jusqu'à la mort d'Ali (661), puis à *Damas* sous les Omniades (680) et à Bagdad sous celle des Abassides (750), fondé par le premier kalife *Aboubekre*(632), finit en 1258 au calife Mostazem, vaincu et tué par les Mongols. C'est dans cette famille des *Abassides*, célèbre par leurs richesses, leurs lois et leurs sciences, qu'on remarque *Aaroun-al-Raschid* (le Juste) (786-809), l'ami et l'émule de Charlemagne, le héros des contes des *Mille et une Nuits*, et son fils *Al-Mamoun* (813-833), surnommé *l'Auguste des Arabes*, à cause de la protection qu'il accorda aux lettres.

MAURES.

Les *Maures* étaient un mélange des descendants des Mauritaniens ou Berbers et des Arabes ou Sarrazins qui les soumirent, et avec lesquels ils passèrent en Espagne au 8e s. Leur nom vient de l'arabe *Maghreb* et signifie *occidentaux*. Dans l'histoire d'Espagne, il ne faut pas confondre les Maures et les Arabes,

La période de la conquête de l'Espagne et du Califat de Cordoue, qui parvint sous les *Abdérame* au plus haut degré de magnificence et de savoir, est arabe. Elle se termine 1236 à Ferdinand III, roi de Castille et de Léon.

La période des Almoravides de Grenade est maure. Ces peuples sont remarquables par l'agriculture et l'industrie; ils furent chassés de l'Espagne (1492) par Gonzalve de Cordoue, général de Ferdinand V le Catholique; Boabdil est leur dernier roi.

Les Maures qui restèrent en Espagne furent désignés sous le nom de *moriscos*.

SUÉDOIS.

L'origine des Suédois est obscure; leur histoire ne devient intéressante qu'au 14e s., lorsque Marguerite de Valdémar réunit sur sa tête les royaumes de Norwége, de Suède et de Danemark (1397).

Les cruautés de Christiern II causèrent une révolution qui plaça la couronne de Suède sur la tête de Gustave Wasa, en 1523 ; ce prince établit le luthéranisme dans ses états.

Trois familles ont gouverné la Suède : 1° celle de *Wasa*, dont le premier roi fut Gustave Wasa (1523) ; 2° celle des *Deux-Ponts* (1654), dont le premier roi fut Charles X, et le héros Charles XII (1697-1718), surnommé l'Alexandre du Nord, à cause de ses guerres contre les Danois, les Prussiens et les Russes qu'il défit à *Narva* et à *Riga*, mais qui le vainquirent à *Pultava* (1709) ; 3° la maison de *Holstein-Eutin*, dont le premier roi est Adolphe-Frédéric (1751). Une révolution éclata en 1772, sous Gustave III, qui fut assassiné dans un bal vingt ans après. L'un de ses successeurs, Charles XIII, choisit pour régner après lui le général *Bernadotte* (1810), qui, quoique Français, se joignit aux *alliés* contre Napoléon, et monta sur le trône de Suède en 1818, sous le nom de Charles XIV. Charles XV est aujourd'hui sur le trône; il a succédé à son père, Oscar Ier, le 8 juillet 1859.

La Norwége a été réunie à la Suède en 1814.

ANGLAIS.

Les Angles et les Saxons s'emparèrent par trahison de a Bretagne (448), et fondèrent une *heptarchie* jusqu'en 827, qu'Egbert fut nommé roi d'Angleterre. Plusieurs familles ont gouverné les Anglais : les *Saxons* (827), les *Danois* 1014), les *Normands* (1066), les *Angevins* ou Plantagenets (1154), les *Lancastres* (1399), les *Yorks* (1461), les *Tudors* (1485), les *Stuarts* (1603), et les *Brunswick-Hanovre* (1714). Les évènements les plus remarquables de l'histoire d'Angleterre sont : les guerres de France, depuis Guillaume-le-Conquérant (1066) jusqu'à Édouard IV (1461) ; la guerre civile des *Deux-Roses*, ou les prétentions de Lancastres et des Yorks au trône, de 1450-1485; le *schisme* sous Henri VIII (1533); le règne brillant d'Elisabeth (1558-1603); les révolutions sous Charles I Stuart, qui monta sur l'échafaud en 1649; et sous Jacques II en 1688; enfin l'indépendance des Anglo-Américains (1782), sous les Brunswick-Hanovre (18e s.). Victoria Ire est aujourd'hui sur le trône (1869). Elle est née le 24 mai 1819.

ÉCOSSAIS.

Les Ecossais, de race Gaélique, furent en partie soumis par les Romains (85 ap. J.-C.).

Les *Scots* et les *Pictes* (voleurs ou tatoués), occupèrent la Calédonie et firent des incursions en Angleterre malgré les murailles des empereurs Adrien (120), Antonin et Septime-Sévère (207). Kennet II-Macalpin (833), descendant de l'antique race de Fergus I (env. 320), réunit les deux couronnes des Pictes et des Scots, et commença l'histoire d'Ecosse; sous le règne de Malcom III (1047-1093), une multitude de Saxons s'enfuirent en Ecosse, et adoptèrent les mœurs de ce pays.

A la mort d'Alexandre III (1306), se termine la race primitive, et alors eurent lieu des révolutions qui ensanglantèrent l'Ecosse par les prétentions au trône des *Bruce*, des *Bailleul* et des *Stuarts*. — Ces derniers finirent par triompher, et *Robert Stuart* monta sur le trône en 1371. Cette famille se maintint jusqu'à l'avènement de Jacques VI, fils de Marie Stuart, au trône d'Angleterre, à la mort d'Elisabeth (1603). Cependant l'Ecosse conserva son titre de royaume, son parlement et ses lois; mais Anne Stuart réunit, en 1707, les deux royaumes en une seule monarchie, sous le nom de *Grande-Bretagne*.

RUSSES.

Les Russes descendent des anciens Slaves; ils ont été ouvernés par plusieurs familles, telles que celles de Ruick (9e s. 862), de Vladimir (10e s.), sous lequel le christianisme s'introduisit en Russie (988); mais la plus célèbre, est celle de *Romanof*, dont le premier roi fut Michel Romanof (1613-1645). Pierre-le-Grand (1682-1725), un des princes de cette maison, tira la Russie de l'obscurité, et y fait naître les sciences, l'industrie et le commerce ; il donne pour bornes à ses états, la Baltique, la mer Caspienne et la mer Noire ; fonde Saint-Pétersbourg, affaiblit la Pologne, ruine la Suède, par sa victoire de *Pultava* sur Charles XII (1709), et se mêle à la politique de l'Europe. Catherine II, femme de Pierre III (1763-1796), de la famille de *Holstein-Gottorp*, s'est couverte de gloire par ses grandes entreprises; ses vaisseaux allèrent naviguer jusqu'aux *Dardanelles* (18e s.); elle obtient la moitié de la Pologne par les partages de 1772 et 1795. Alexandre, son petit-fils, malgré les malheurs des guerres de 1812, agrandit encore la Russie, et se couvrit d'une gloire plus durable, en pacifiant l'empire et en préservant la France du pillage. Nicolas I, son frère, né le 6 juillet 1796, lui succéda en 1825. Ce prince continua dignement les règnes de Pierre-le-Grand et d'Alexandre, par ses conquêtes et la part qu'il prit à l'indépendance de la Grèce (1820-1826). Il est mort le 2 mars 1855. Son fils *Alexandre II* règne; il est né en 1818.

PEUPLES SLAVES.

Les Slaves appartenaient à la race Indo-Germanique, et s'établirent à l'O. du Volga, au moins quinze siècles avant J.-C. Ils se divisaient en trois grandes familles : les Slaves Orientaux, les Occidentaux et ceux du Centre. Ils formèrent en Europe trois grands royaumes : celui des Bohêmes (7e s.), des Polonais (v. 500), et celui des Russes (v. 862). Le christianisme s'introduisit chez eux du 11 au 13e siècle.

ALLEMANDS-AUTRICHIENS.

Les Allemands habitent le pays des anciens Germains ; ils résistèrent avec courage aux Romains qui ne purent les soumettre entièrement. Charlemagne défit les Saxons (785), les contraignit d'embrasser la religion chrétienne, et se vit maître de la Germanie. A la mort de Louis-le-Débonnaire, son fils (840), la Germanie fut séparée de la France. Lothaire fut reconnu roi ; la race carlovingienne s'y maintint jusqu'en 911, qu'elle finit en la personne de Louis IV, dit l'Enfant.

Alors l'empire devint électif. Conrad, duc de *Franconie* et de *Hesse*, fut élevé à la dignité impériale, et peut être regardé comme le premier roi d'Allemagne (911). Henri I l'Oiseleur lui succéda en 919, et fut le chef de la maison de *Saxe*, qui donna 5 souverains à l'Allemagne, et renouvela, en la personne d'Othon-le-Grand, l'empire de Charlemagne (962-973). La Lombardie fut conquise et réunie au royaume d'Italie ; la Lotharingie et la Bohême à l'Allemagne. La maison de *Franconie* qui régna ensuite, en 1024-1125, ajouta le royaume d'Arles à l'Empire, et se signala, sous Henri IV, par ses démêlés avec Grégoire VII, à l'occasion des *Investitures*. La maison de *Souabe-Hohenstaufen*, monta ensuite sur le trône ; elle vit d'abord Conrad III (1138-1152), et Frédéric I Barberousse (1152-1190), mort à la troisième croisade en traversant le *Cydnus*, porter la puissance impériale au plus haut degré. Le règne de leurs successeurs fut troublé par les guerres continuelles des *Guelfes* et des *Gibelins* (1260); à la mort du dernier roi

Conrad IV, commence le grand interrègne de 1254 à 1273. — Ce fut une époque d'*anarchie*.

Vers la fin du 13e siècle, en 1273, Rodolphe, comte de *Hapsbourg*, premier prince de la maison d'Autriche, fut re connu empereur.

En 1519, l'Empire fut réuni à l'Espagne dans la personne de Charles-Quint; mais cette réunion cessa après son abdication, en 1556. Son frère, Ferdinand, lui succéda (1556), et sous *Ferdinand II* et ses successeurs, eut lieu la guerre de Trente-Ans (1618-1648), qui eut pour résultat l'affaiblissement de l'Allemagne et la confirmation de la religion Luthérienne. La mort de Charles VI (1740) donna lieu à la guerre de succession d'Autriche, qui assura le trône à François, grand-duc de Toscane, époux de Marie-Thérèse, fille du dernier roi, et plaça la couronne dans la maison de Lorraine (1745). En 1806, l'empire d'Allemagne cessa d'exister par l'abdication de François II, lors des conquêtes de Napoléon; il ne conserva que ses états héréditaires, et prit le titre d'empereur d'Autriche; il est mort en 1835. Son petit-fils *François-Joseph I*, est monté sur le trône en 1848, par la renonciation de son oncle, *Ferdinand I*. — Ce prince est né le 18 août 1830.

DANOIS.

Les Danois sont d'origine Scandinave. — Leur pays était habité, au commencement de l'ère chrétienne, par les Jutes, les Goths, les Cimbres et les Angles; ils rendaient un culte sanguinaire à *Odin*, chef des Ases, qui, effrayés par les guerres pontiques, abandonnèrent les bords de la mer Caspienne et vinrent s'établir au nord de l'Europe.

Le commencement de leur histoire est incertain. Leurs

fréquentes incursions désolèrent la France, l'Allemagne, l'Espagne, et surtout l'Angleterre, à l'époque d'Alfred-le-Grand (871-900), et sous leur roi Canut-le-Grand (1014). Vers la fin du 14e siècle, la reine Marguerite réunit sous son sceptre les trois couronnes du Nord (1397). La Suède s'en détacha en 1448, puis en 1523, à la suite de la révolte de Gustave Wasa contre Christiern II ; mais la Norwége resta unie au Danemarck, d'abord comme province, et ensuite comme royaume indépendant. La dynastie royale de Skioldung étant éteinte en 1448, le comte *Christiern d'Oldenbourg* lui succéda, et apporta au Danemarck les deux belles provinces de Sleswick et de Holstein.

En 1660 eut lieu la révolution qui changea entièrement la forme du gouvernement.

Au commencement du 18e siècle, le Danemarck eut à soutenir, contre la Suède, une guerre malheureuse qui ne se termina qu'en 1720. Depuis cette époque, il a joui de la paix jusqu'en 1801 et 1807, *Copenhague* fut bombardée par les Anglais. Il fit partie, en 1813 et 1814, de la coalition contre la France. La Norwége a été cédée à la Suède, en 1814.

C'est aujourd'hui Christian IX, de Glucksbourg, né en 1818, qui règne depuis 1863.

NORWÉGIENS.

Les Norwégiens, dont l'un des premiers rois fut *Halfdan-le-Noir,* (821), formèrent d'abord une espèce de confédération, puis se constituèrent en monarchie qui, en 1397, à la diète de Calmar, fut réunie à la couronne de Danemarck et de Suède, sur la tête de Marguerite de Waldemar, fille de Waldemar III et veuve de Haquin VIII (1380). Depuis, la Norwége eut les mêmes rois que le Danemarck, jusqu'en

1814, que le congrès de Vienne donna ce pays à la Suède, comme récompense de la coopération de Bernadotte à la chute de Napoléon, et comme dédommagement de la Finlande et de la Bothnie-Orientale que garda la Russie.

POLONAIS.

Les Polonais sont Slaves d'origine. La postérité de *Lechus*, le premier fondateur (6e s.), s'étant éteinte, Piast fut reconnu duc de Pologne dans le 9e s. (842). La famille la plus remarquable est celle des *Jagellons*. Après son extinction, en 1572, le trône devint *électif*. A chaque nouvelle élection le pouvoir s'affaiblissait; un prince français fut choisi pour roi; ce fut *Henri de Valois* (1573-1575), et sous *Sobieski* (1674-1696), qui délivra Vienne de l'attaque des Turcs, la Pologne fleurit; mais, à la fin du 18e siècle, de grands troubles causés par la rivalité de Stanislas-Leczinski (1704-1709), et d'Auguste II (1733), amenèrent trois démembrements (1772-1793-1795) entre la Prusse, la Russie et l'Autriche. Aujourd'hui la Pologne n'existe plus comme royaume particulier; le duché de Varsovie forme une vice-royauté qui appartient à la Russie.

En 1830, les Polonais se révoltèrent contre les Russes, mais cette tentative de liberté n'eut aucun succès, et une loi de 1832 leur a fait perdre la plupart de leurs priviléges. De nouveaux troubles ont éclaté. Par ukase en date du 29 février, le 12 mars 1868, la Pologne a été réunie à la Russie.

PETITE RÉPUBLIQUE DE CRACOVIE.

Mentionnons la petite république de *Cracovie*, peuplée de 40,000 habitants. Sa capitale était celle de toute la Pologne : elle fut, dit-on, fondée par Cracus; elle appartint successivement à l'Autriche, à la Russie, avant d'être libre; et depuis 1815, elle formait une république, sous la protection immédiate de l'Autriche, de la Prusse et de la Russie; ayant pris part à l'insurrection polonaise de 1846, elle fut supprimée, et son territoire donné à l'Autriche.

HONGROIS.

Les Hongrois occupaient une partie de la Dacie occidentale, la Pannonie septentrionale et l'extrémité S.-E. de la Germanie; elle a été conquise successivement par les *Quades*, les Goths, les Huns, les Ostrogoths, les Avares, les Bulgares, les Slaves, peuple d'origine indienne; Charlemagne, en 799, la réunit à son empire; mais les *Madgyares* entrèrent en Hongrie, ayant à leur tête *Arpad* (890). — Ses successeurs embrassèrent le christianisme. Saint Etienne prit le titre de roi en 1000, et donna à son peuple de bonnes institutions. Sous Béla III, la civilisation et les mœurs grecques s'introduisirent dans le royaume; il avait épousé Marguerite, comtesse du Vexin, sœur de Philippe-Auguste (1173).

Charles-Robert, descendant de Charles d'Anjou, roi de Naples et de Marie, fille d'Etienne IV, roi de Hongrie, succéda à la couronne, en 1308.

Dans le 14e siècle (1388), l'empereur Sigismond, roi de Bohême, devint roi de Hongrie par les droits de sa femme, mais, dans le 15e siècle (1440), ce royaume recouvra de nouveau son indépendance sous l'empire d'Uladislas.

Dans le 16e siècle (1540), Soliman, sultan des Turcs, s'empara de la meilleure partie de cette contrée, et l'empereur Ferdinand I se saisit du reste.

En 1687, Léopold-Ignace fit passer la couronne de Hongrie, héréditaire dans la maison d'Autriche, sur la tête de l'archiduc Joseph, son fils, qui devint empereur sous le nom de Joseph I. Depuis ce temps le royaume de Hongrie dépend de l'empire d'Autriche.

En 1848 et 1849, une terrible insurrection éclata contre l'Autriche; elle n'a été étouffée qu'avec le concours armé de la Russie (1852). Les généraux hongrois qui luttèrent avec le plus d'acharnement sont *Bem*, *Kossuth* et *Georgey-Kosinsky*. Par suite des événements de 1866, une nouvelle convention a été établie entre l'Autriche et la Hongrie, sur de nouvelles bases.

NAPOLITAINS.

Le royaume de Naples occupe l'ancienne Grande-Grèce: cette partie méridionale de l'Italie passa successivement aux Romains, aux Goths, aux Lombards et aux Arabes, jusqu'au moment où les Normands, revenant de la Terre-Sainte, s'en emparèrent (11e siècle), sous Guillaume I (1043).

Les fils de Tancrède de Hauteville, seigneurs normands, se firent nommer ducs de Pouille et de Calabre; le premier fut Robert Guiscard (1059); son petit-fils, Roger II (1130), fut créé roi de Sicile et duc de Naples.

L'empereur Henri IV, de la famille de Souabe, réunit la Sicile à l'Empire (12e siècle); mais, à l'extinction de cette maison (1254), le pape Urbain IV donna la couronne de Naples et de Sicile à *Charles d'Anjou*, frère de saint Louis. Sous ce prince, eut lieu le massacre des Français, appelé *Vêpres siciliennes* (1282). En 1647, eut lieu l'insurrection du pêcheur *Mazaniello d'Amalfi*, qui, pendant sept jours, remplit Naples de massacres. Après bien des vicissitudes, après avoir essuyé des revers et obtenu des succès, les Français se virent obligés de renoncer au royaume de Naples, auquel ils avaient des droits, et en 1734, l'infant d'Espagne, don Carlos, fils de Philippe V et arrière-petit-fils de Louis XIV, monta sur le trône. Avec lui, commença

5.

la *maison sicilienne* de Bourbon, renversée du trône en 1862, le royaume de Naples a été réuni au royaume d'Italie.

PORTUGAIS.

Le Portugal, autrefois appelé Lusitanie, fit partie d l'Espagne jusqu'au douzième siècle, époque à laquelle Alphonse Henriquez, fils de Henri de Bourgogne, de la famille capétienne, prit le titre de roi (1139). Parmi ses successeurs, on remarque Pierre-le-Cruel, sous lequel eut lieu l'épisode d'*Inès de Castro* (1357). La dynastie d'*Avis* succéda à celle de *Bourgogne capétienne*, en 1383; Jean I en fut le premier roi. C'est sous cette famille, et surtout pendant le règne d'Emmanuel-le-Grand (1495), que les Portugais devinrent très puissants par le passage du Cap de Bonne-Espérance, dû à Vasco de Gama, et par leurs conquêtes dans les *Deux-Indes*.

Les Espagnols dominèrent en Portugal, depuis 1580 jusqu'en 1640. La maison de *Bragance* monta alors sur le trône dans la personne de Jean IV, et l'occupe encore. Dona Maria, morte en 1854 a laissé le trône à son fils Pierre V, né en 1837, mort le 11 novembre 1861 ; son frère Louis Ier règne aujourd'hui, (1869).

BOHÊMES.

On croit que les Bohêmes sont les descendants des *Boïens*, Gaulois du Bourbonnais, qui, dans le 6e siècle avant J.-C. (587), allèrent, sous la conduite de Sigovèse, fonder une colonie en Germanie ; ils furent chassés, sous Auguste, par les *Marcomans*, expulsés eux-mêmes par les *Tchèques*, peuple *Slave*, conduit par *Samo*.— Dans le 7e s., les petites républiques qu'ils fondèrent, et parmi lesquelles on remarque celle de *Prague*, furent réunies, vers 700, par le chef nommé *Zecco* ou *Croc*. On voit ce pays gouverné par des *ducs* depuis Przémyst, mari de *Libussa*, fille de Croc (722); des rois électifs depuis *Wratislas II* (1092) et des rois héréditaires depuis *Ottokar I* (1230). La Bohême relevait autrefois de l'Empire. Après bien des vicissitudes, en 1556, la couronne a été reconnue héréditaire dans la maison d'Autriche, qui la possédait depuis longtemps par élection.

MONGOLS.

Les Mongols formaient d'abord des tribus ou *hordes* indépendantes; au 13e siècle (1206), elles furent soumises par Gengis Khan, qui conquit, à leur tête, toute l'Asie centrale, et la moitié de la Russie d'Europe. A sa mort (1227), l'empire mongol se partagea en quatre grands royaumes, réunis ensuite par le célèbre Tamerlan (14e siècle), qui s'empara de l'Hindoustan, et vainquit Bajazet à Ancyre (1402). Babour, petit-fils de Tamerlan, fonda, dans l'Hindoustan, l'empire du *Grand-Mogol*, avec Delhi pour capitale (1505). La décadence de ce vaste empire commença sous Aureng-Zeb (1659), et marcha rapidement sous ses successeurs. Le dernier roi, Chah-Alem II, languit douze ans prisonnier des Anglais (1788-1806), qui possèdent aujourd'hui plus des trois quarts de l'empire mongol.

SUISSES.

Les Suisses portaient autrefois le nom d'Helvétiens; au 14e siècle (1308), l'Helvétie dépendait de l'empire germanique. Une partie de ce pays était un domaine de la maison d'Autriche, comme Fribourg, Lucerne, Zug, Glaris.

La tyrannie des gouverneurs exaspérait les esprits ; sous l'empereur Albert, l'oppression du gouverneur Gessler causa une révolte; les cantons de Schwitz, d'Uri, d'Unterwald, donnèrent le signal de l'indépendance. En 1308, la Suisse fut libre et parmi ses libérateurs nous remarquons Guillaume Tell, célèbre par son adresse à tirer de l'arc (14e s.). Une armée formidable d'Allemands, sous les ordres du duc Léopold, fut vaincue au pas de *Morgarten*. De 1475 à 1476, les Suisses portèrent un coup funeste à la puissance de Charles-le-Téméraire, et leur renom devint européen; ils embrassèrent le protestantisme, prêché par *Zwingle*, de Zurich (1519). Leur indépendance fut reconnue au traité Westphalie, en 1648.

La confédération Suisse s'accrut successivement : elle compta d'abord treize cantons; Napoléon, en 1802, en ajouta six, et en 1814, les puissances alliées y réunirent ceux de Genève, de Neufchâtel et du Valais. Des révolutions ont agité ce pays depuis 1830 jusqu'en 1852.

HISTOIRE MODERNE.

TURCS.

Les Turcs sont originaires de l'Asie-Mineure, et, sous Othman ou Osman, ils fondèrent une monarchie ; vers 1300 (13e s.), elle devint puissante ; en 1453, Mahomet II s'empara de Constantinople et d'une partie des pays qui composaient l'empire d'Orient ; depuis, de grands troubles, des révolutions même ont agité cet empire dont les puissances de l'Europe ont détaché la Grèce (1827). Abdul-Azziz a succédé à son frère Abdul-Medjid, mort le 25 juin 1861 ; ce prince, quoique jeune, marche sur les traces de son père Mamoud II.

AMÉRICAINS EN GÉNÉRAL.

Ce ne fut qu'en 1492 qu'un Génois, nommé Christophe Colomb, cherchant un passage à l'ouest pour aller aux Indes, fit la découverte de l'Amérique. Parti du port de *Palos*, en Andalousie (1492), sur trois bâtiments que lui avait donnés Isabelle de Castille, femme de Ferdinand V, il toucha à San-Salvador ou Guanahani, l'une des îles Lucayes. Dans plusieurs voyages successifs, il découvrit les grandes et les petites Antilles, qu'il nomma *Indes-Occidentales;* enfin, en 1498, il reconnut le continent auquel le nom d'*Amérique* fut donné, d'après *Améric Vespuce*, navigateur florentin, qui en parcourut les côtes, et publia en Europe la relation de son voyage. L'élan était donné, et de nombreuses découvertes complétèrent l'œuvre de Christophe Colomb.

ANGLO-AMÉRICAINS.

(*États-Unis.*)

Dans le 16e siècle, sous le règne d'Élisabeth, des Anglais, à la tête desquels se trouvait Walter-Raleigh, formèrent des *colonies* sur les côtes de l'Amérique septentrionale. Les possessions de ces nouveaux colons prirent successivement un grand accroissement; mais la *métropole* des États Britanniques ayant voulu les assujétir à payer un impôt sur le thé (1773), ils se soulevèrent, envoyèrent le célèbre *Francklin* demander du secours à la France (1775), et se rendirent indépendants après une lutte de sept ans. En 1782, ils se constituèrent en république, et leur premier président fut *Georges Washington*, qui avait commandé les armées américaines pendant la guerre. Les généraux français Rochambeau et Lafayette s'illustrèrent pendant cette guerre. Depuis, les possessions des Etats-Unis se sont étendues, et aujourd'hui cette république, qui compte vingt-quatre états, jouissait d'une paix constante et d'une grande prospérité, lorsqu'éclata la guerre fraternelle entre le nord et le sud, finie en 1865. — Le général Grant est président (1869).

MEXICAINS.

En 1520, les Espagnols, commandés par Fernand Cortès, simple lieutenant de Vélasquez, gouverneur de *Cuba*, firent la conquête du Mexique. Les Mexicains déjà civilisés, étaient gouvernés alors par *Montézuma*, qui fut fait prisonnier par Cortès, et que ses propres sujets tuèrent dans une émeute. Les Espagnols furent maîtres du Mexique jusqu'en 1821, époque d'une révolution qui se termina par la reconnaissance de l'indépendance du Mexique.

Depuis, un chef obscur, nommé *Iturbide*, se fit reconnaître empereur ; mais il ne régna pas longtemps ; chassé d'abord, il retourna au Mexique et fut fusillé. Une constitution mit le général Guerrero à la tête du gouvernement sous le titre de Président, et l'expulsion des Espagnols fut effectuée. Un différend avec la France amena la prise de *Saint-Jean-d'Ulloa*, citadelle de la Vera-Cruz ; à ce beau fait de la marine française, les Mexicains ont répondu par le renvoi des Français. Des révolutions ont depuis troublé ce pays. Une armée française l'a occupé (1864). Maximilien d'Autriche, proclamé empereur en 1865, a été fusillé à Quératero en 1867. Juarez est président depuis 1867.

PEUPLES UNIS DE L'AMÉRIQUE CENTRALE.

Il y a actuellement cinq états indépendants dans *l'Amérique Centrale* ; la déclaration d'indépendance date du 21 septembre 1821.

1° *Guatémala ;* président à vie, le maréchal de camp, *V. Cerna.*

2° *San-Salvador ;* président, *Duenas.*

3° *Nicaragua ;* président, *Gusman.*

4° *Costa-Rica;* président, le docteur ***Castro*, du 8 mai** 1866.

Honduras; président, ***Médina*,** élu en **1867.**

PÉRUVIENS.

Les Péruviens étaient gouvernés depuis près de quatre siècles par des rois nommés *Incas*; l'industrie avait fait chez eux beaucoup plus de progrès que chez les Mexicains, lorsqu'un espagnol, nommé François Pizarre, les soumit en 1533. Hatahualpa occupait alors le trône ; il fut étranglé par les Espagnols. En 1808, une révolution éclata; une armé chilienne, commandée par le général de Buénos-Ayres Saint-Martin, s'empara de Lima, et le Pérou fut définitivement déclaré république en 1821, sous la protection de Bolivar. Le général Saint-Martin et le général Sucre consolidèrent la liberté du Pérou qui, depuis, fut désolé par d'affreuses dissensions intérieures. Le président actuel est le colonel ***Balta*,** depuis août **1868.**

BRÉSILIENS.

Pierre Alvarez Cabral, amiral portugais, ayant été entraîné vers l'ouest par des vents contraires, découvrit la côte du Brésil en 1500. Les Hollandais s'emparèrent de ce pays en 1624, après une lutte sanglante contre les Espagnols; — c'est la belle époque de Maurice de Nassau ; — mais, après plusieurs vicissitudes, les Portugais en reprirent la pleine possession en 1661, en payant huit tonneaux d'or à la Hollande.

En 1822, don Pédro, d'abord vice-roi du Brésil pour son père Jean VI, roi de Portugal, prit le titre d'empereur. Une révolution militaire le força, en 1831, d'abdiquer et de s'embarquer pour l'Europe ; don Pédro II, son fils, âgé de sept ans, assisté d'une régence, lui succéda. Il est aujourd'hui sur le trône. Il est né le 2 décembre 1825.

COLOMBIENS.

Les Colombiens, qui habitent le nord de l'Amérique méridionale, avaient appartenu à l'Espagne; mais, après plusieurs révolutions, l'indépendance de la Colombie fut proclamée en 1819, au congrès d'*Angostura*. Bolivar, qui avait contribué à son affranchissement, reçut le titre de libérateur. L'Angleterre a reconnu formellement la république de Colombie en 1825. Mais, depuis l'année 1831, le nom de Colombie a cessé d'exister; les douze départements qui la formaient se séparèrent pour former trois républiques, qui devinrent indépendantes, quoique réunies sous le nom de *Confédération des Etats-Unis de l'Amérique du Sud :*

1° La *Nouvelle-Grenade ;*
2° La république de l'*Équateur;*
3° La république de *Vénézuela ;*

Le président est le général *Guttierez,* élu en 1868.

BUÉNOS-AYRIENS.

(*République du Rio de la Plata,* ou *République Argentine.*)

Le territoire de cette vaste confédération formait, avant l'insurrection contre l'Espagne, la plus grande partie de la vice-royauté de Buénos-Ayres, qui fut détachée, en 1778, du Pérou, ainsi que les États qui forment aujourd'hui ceux de Bolivia, du Paraguay et de l'Urugay. — En 1810, pendant que les Français possédaient l'Espagne, la province de Buénos-Ayres proclama son indépendance; toutes les provinces insurgées sous l'habile *Ribadaria*, se constituèrent en république sous le nom de *République de la Plata*. L'anarchie désola ce pays. — Le 13 avril 1835, *Rosas* en devint le gouverneur avec un pouvoir absolu, malgré la formation d'une chambre de représentants; il a été réélu le 5 mars 1840. Il eut des démêlés avec la France au sujet du blocus de *Montevideo*, port de mer important reconnu indépendant en 1821. Le président actuel est le docteur *Sarmento*, élu le 12 juin 1868.

NOTA. — *L'Uruguay* est reconnu comme république par suite du traité de Montévideo le 4 octobre 1828. — Le président est *Lorenzo Battle* (2 mars 1868).

CHILIENS.

Almagro, compagnon et depuis victime de Pizarre, pénétra le premier au Chili ; mais c'est Pierre Valdivia qui soumit ce pays en 1540. Toutefois il ne put réduire les *Araucaniens*, qui le mirent à mort. Il bâtit *San-Yago* et la *Conception*. Le Chili fut annexé à la vice-royauté du Pérou, et resta dans cet état jusqu'au 1er janvier 1810, où il proclama son indépendance. Retombé un instant sous la domination espagnole en 1814, il s'insurgea en 1817, sous la conduite du général Saint-Martin ; après la victoire de *Maypo*, en avril 1818, qui assura son indépendance, le Chili s'érigea en république. Le général *José Jaquin Perez* est aujourd'hui président, du 10 septembre 1866.

HAITIENS.

(Saint-Domingue.)

L'île de Saint-Domingue fut découverte par Christophe Colomb en 1492. Les Espagnols en restèrent maîtres jusqu'au 16e siècle, qu'une colonie de Français et d'Anglais réunis s'empara du pays. Chassés à leur tour par les Espagnols, ils se retirèrent dans l'île de la Tortue. La France s'empara, plus tard, d'une partie de l'île (1697), par le traité de Riswick. En 1791, une insurrection éclata, et toute la partie française ne présenta plus qu'un champ de carnage et de désolation : les *noirs* et les *mulâtres* égorgèrent les *blancs*. En 1801, les noirs proclamèrent leur indépendance. Après plusieurs révolutions intérieures, l'affranchissement de Saint-Domingue fut reconnu par la France, sous Charles X, en 1825, sous le roi *Boyer*, successeur de *Péthion* (1818) et de *Christophe* (1820). Boyer, accusé de tyrannie, fut expulsé et remplacé par le général *Hérard*, puis par *Guerrier* (1844), *Perrot* (1845), *Riché* (1846), enfin par *Soulouque* (1847), qui s'est fait nommer empereur en 1849, sous le nom de Faustin Ier. Le général *Geffrard* lui avait succédé, mais une nouvelle révolution le contraignit à abdiquer. Le général *Salnave* est président (1869).

HOLLANDAIS ET BELGES.

La Hollande faisait autrefois partie de la Gaule Belgique ; elle fut conquise dans le 1er siècle par Jules César ; elle passa ensuite successivement aux Francs, aux comtes de Hainaut, aux ducs de Bourgogne et à la maison d'Autriche. Le roi d'Espagne Philippe II, par sa tyrannie, perdit ce pays, dont l'indépendance fut reconnue au traité de *Munster* ou de *Westphalie*, en 1648. En 1794, la Hollande fut envahie par la France, le stathoudérat aboli, et la république constituée sous le nom de *République Batave*. En 1806, Bonaparte en fit un royaume en faveur de Louis, l'un de ses frères; mais bientôt il divisa le royaume en départements qu'il réunit à la France. En 1815, la Hollande fut annexée à la Belgique, et ne forma qu'un seul royaume sous le nom de Pays-Bas; Guillaume I d'Orange en fut roi; mais, en 1830, les Belges se révoltèrent, et la séparation des deux états fut proclamée par les puissances de l'Europe. Guillaume IV est sur le trône de Hollande depuis le 12 mai 1849; il est né le 19 février 1817.

Léopold de Saxe-Cobourg est monté sur celui de Belgique depuis le 21 juillet 1831; son fils, Léopold II, lui a succédé en 1865.

PRUSSIENS.

Les Prussiens descendent des tribus Slaves, les *Lettons* et les *Borussi*; vaincus et soumis en 1283, par les chevaliers de l'Ordre Teutonique, sous leur grand-maître *Herman de Salzbourg*, la cruauté des vainqueurs exaspéra les vaincus qui se mirent sous la protection de la Pologne. La Prusse de l'*Est* ou *Teutonique* resta à l'Ordre et devint ducale, jusqu'en 1774 que les deux Prusses se réunirent en s'augmentant de *Dantzick* et de *Thorn*, neuf ans plus tard. La Prusse fut constituée en monarchie en 1701. Frédéric, électeur de Brandebourg, en fut le premier roi; son petit-fils, Frédéric II, surnommé le grand Frédéric, à son avènement au trône en 1740, envahit la Silésie par le secours de la France; il eut à soutenir dans la guerre de *Sept-Ans* (1756-1763), une formidable coalition; son génie l'empêcha de succomber. Guillaume II, son successeur, eut un règne faible ; il dissipa les trésors amassés par Frédéric. Guillaume III (1797) déclara la guerre à la France, et fit partie de cette coalition qui amena les étrangers à Paris (1814). Frédéric-Guillaume Ier, son fils, règne depuis le 2 janvier 1861.

SARDES.

Les États Sardes se composaient de la Savoie proprement dite, du Piémont et de la Sardaigne. La Savoie était, sous les Romains, comprise dans la Gaule Transalpine; elle passa successivement aux Bourguignons, aux empereurs d'Allemagne ; et, dans le 11e siècle, Conrad (1040), empereur d'Allemagne, donna en toute propriété à Humbert-aux-blanches-mains *Saint-Maurice*, le *Valais* et le *Chablais*. Ses descendants étendirent bientôt leurs domaines par leurs conquêtes. Cependant les souverains n'avaient que le titre de comtes de Savoie; Amédée VII prit le titre de duc, et Victor-Amédée II, en 1713, étant maître de la Sicile, s'en fit déclarer roi. La Sardaigne lui fut depuis donnée en échange de cette île; de là le titre de roi de Sardaigne qui lui fut accordée en 1718. Victor-Emmanuel II, né le 14 mars 1820, succède, le 3 avril 1849, à son père Charles-Albert, mort à Oporto le 28 juillet 1849; il règne aujourd'hui comme roi d'Italie. Il est de la famille de Carignan.

MONACO. —Le petite principauté de Monaco, au sud du Piémont, est sous la protection du roi de Sardaigne. Elle appartenait, au 10e siècle, à la puissante famille *Grimaldi* de Gênes, qui, après des vicissitudes, s'éteignit en 1731. La maison *Malignon-Grimaldi* lui a succédé; le prince *Florestan I* gouverna depuis la mort de son frère, *Honoré V* (1841), qui avait succédé à son oncle Antoine, le 6 juin 1816. Il était né le 10 octobre 1785 et est mort en 1856.

BAVAROIS.

La Bavière faisait anciennement partie de la *Rhétie*, de la *Vindélicie* et de la *Norique*. Les Boïens vinrent l'habiter sous l'empereur Auguste ; elle fut successivement gouvernée par des rois, des ducs, des comtes dépendant de Charlemagne, des électeurs de Bavière. Le 1er janvier 1805, Maximilien-Joseph prit le titre de roi. La Bavière s'agrandit depuis considérablement. Maximilien-Joseph II, avait succédé à son père *Louis*, qui avait abdiqué le 21 mars 1848. *Louis-Othon*, son fils, est aujourd'hui roi (1869).

WURTEMBERGEOIS.

Le Wurtemberg faisait autrefois partie du duché de Souabe, et fut érigé en comté par l'empereur Henri IV (11e s.), en faveur de Conrad. Les ducs de Wurtemberg relevèrent de l'Empire. Frédéric II, revêtu de la dignité électorale en 1803, fut créé roi, en 1806, par Napoléon. Il prit part aux campagnes des Français contre l'Autriche (1800), puis contre la Russie (1812); mais l'année suivante il se détacha de la France. Mécontent du congrès de Vienne (1814), il se rendit à Stuttgard, où il publia une charte qui établissait un gouvernement constitutionnel, acte dont il se repentit; il mourut en 1816. Guillaume, son fils, né le 27 septembre 1781, lui avait succédé, et est mort le 25 juin 1864. Son fils *Charles* lui a succédé.

SAXONS.

Les Saxons, au temps de Charlemagne (8e s.), s'étendaient jusqu'aux bords du Rhin ; Witikind, leur chef, lutta longtemps contre toute la force de l'empire, et fut enfin soumis. C'est dans le 9e siècle que commence la suite des ducs de Saxe, continuée jusqu'à présent. Lors de la dissolution du corps germanique, la Saxe électorale fut érigée en royaume (1806) en faveur de Frédéric-Auguste. Elle fut démembrée en 1814, par le congrès de Vienne, en faveur du roi de Prusse. Le roi régnant est Jean Ier, depuis le 9 août 1854.

GRECS MODERNES.

La Grèce fut soumise par les Romains au 2e siècle avant J.-C.; elle fit ensuite partie de l'empire d'Orient pendant quinze siècles. Depuis la chute de cet empire, elle était restée sous la domination des Turcs. Esclave sous le joug des Mahométans, elle chercha plusieurs fois à reconquérir sa liberté; enfin, en 1821, éclata une révolution sanglante qui ne s'est terminée que par l'intervention des puissances européennes et surtout de la France. Dans cette guerre acharnée, qui dura neuf ans, on remarque l'héroïque défense de *Missolonghi* (1826), où mourut lord Byron, et la victoire navale de *Navarin*, remportée par les forces combinées de la France, de l'Angleterre et de la Russie (1827). La Grèce est libre, son indépendance fut reconnue le 3 février 1830. *Capo d'Istria*, un des chefs de la nouvelle république, mourut assassiné en 1831. La Grèce fut érigée en royaume le 7 mars 1832: Othon de Bavière, fils de Louis, roi de Bavière, la gouverna jusqu'en 1862; il fut renversé du trône et remplacé par Guillaume de Danemark, proclamé roi sous le nom de Georges Ier, le 31 octobre 1863.

HANOVRIENS.

Les Hanovriens appartiennent, dans le midi, à la race *saxonne*, et, dans le nord-ouest, à la famille des ***Frisons***. Par suite de la dissolution de l'empire français (1814), le Hanovre était revenu à ses anciens souverains, les princes de Brunswick, élevés, en 1692, à la dignité d'électeurs de Hanovre, dans la personne d'*Ernest-Auguste*. Ce prince avait épousé la fille de l'électeur-palatin, petite-fille de Jacques I, roi d'Angleterre, et acquis par là des droits éventuels à la couronne de la Grande-Bretagne. A la mort de Guillaume IV, roi d'Angleterre (1837), qui laissa le trône à sa nièce Victoria, le Hanovre, fief masculin, échut en partage à *Ernest-Auguste*, duc de Cumberland, cinquième fils de Georges III et frère de Guillaume IV. Il est mort en 1851. Son fils, *Ernest-Auguste*, lui avait succédé, mais ses états ont été annexés à la Prusse en 1866.

EXERCICES.

A faire le Tableau général des peuples.

PEUPLES ET SIÈCLES.	FONDATEURS.	VILLES PRINCIPALES.	NOTICES HISTORIQUES.	SOUVERAINS RÉGNANTS.	AGE des Souverains en 1855.
1	2	3	4	5	6

Quatrième Partie.

HISTOIRE GÉNÉRALE.

PETITE REVUE.

HISTOIRE ANCIENNE.

(De 4963 av. J.-C. à 476 après J.-C.)

Dieu donne naissance à l'Univers (4963) ; les premiers hommes *encourent sa vengeance ;* une catastrophe terrible ne laisse sur la terre habitable qu'une seule famille, celle de Noé (3308). Les êtres se multiplient, les familles s'assemblent, les nations se forment, des émigrations sortent de l'*Asie*, berceau du genre humain (2907); le globe se peuple, des gouvernements s'établissent, les besoins et les communications font naître les *langues*, le *commerce*, les *arts*, et graduellement la force et la justice se prêtent un mutuel secours.

Parmi les nations qui se succèdent, nous voyons les ÉGYPTIENS, les plus célèbres par leur sagesse, par leurs lois et par leurs arts (2467); les HÉBREUX, longtemps le peuple privilégié de Dieu (2296), mais dont les *vices* et les *divisions* causent la perte ; les ASSYRIENS (1993), dont le luxe et les richesses amenèrent la chute (759); les **PHÉNICIENS** (1640), commerçants et industrieux, qui étendent leurs relations dans la plus grande partie de l'Ancien Monde; ils furent la souche de ces **CARTHAGINOIS** (860) que les Romains, après *trois guerres* sanglantes, effacèrent de la liste des peuples (264-218-146); les **MÈDES** (759) et les **PERSES** (560), deux royaumes formés des débris de l'empire d'Assyrie, et qui tombèrent comme lui, malgré le génie de *Cyrus* (560-530), les conquêtes de Cambyse (530-522) et les formidables expéditions de Darius et de Xercès (490-480); les **GRECS** (1582), d'origine égyptienne ou asiatique, qui jouent un des principaux rôles : l'Égypte avait formé leurs poètes et leurs législateurs; ils instruisirent à leur tour leurs *vainqueurs*, et laissèrent, après leur chute même, une mémoire que leurs chefs-d'œuvre dans tous les genres ont rendue immortelle (146); les **MACÉDONIENS** (360), qui comptent sous leur domination la Grèce, l'Asie et une partie de l'Afrique, par les conquêtes du *grand Alexandre* (336-323); et les **ROMAINS** (753), dont l'histoire devient, dès-lors, celle du monde entier. *Trois grands guerriers* firent trembler ce peuple conquérant : *Brennus* (390), chef des Gaulois; *Annibal* (218), général des Carthaginois, et *Mithridate* (90), roi de Pont. De *monarchie* (753) Rome était devenue *république* (510); de république elle devint *empire* (29). Un *seul homme* commandait à la terre; mais la plupart de ces *dominateurs* étaient des tyrans. Un des empereurs, Constantin (306-337), sous les auspices d'une *religion bienfaisante* (312), divise les forces de l'empire en fondant une nouvelle capitale (330). De *malheurs* en *malheurs*, de *fautes* en *fautes*, le colosse romain s'affaiblit, (211), s'écroule sous les coups d'une multitude de *peuples barbares*, et sur ses débris (476) s'élèvent de nouveaux états, encore existants.

HISTOIRE DU MOYEN-AGE.

(476-1453)

Les *Visigoths*, les *Vandales*, les *Suèves*, les *Alains*, le *Bourguignons*, les *Francs*, les *Lombards*, les *Angles*, et les *Saxons*, forment de nouveaux états (5e siècle) en *Espagne*, dans les *Gaules*, en *Italie* et en *Bretagne*.

Ils opèrent une révolution complète dans le *gouvernement*, les *lois*, les *mœurs*, les *lettres*, les *arts*. Les *Francs* finissent par avoir la *prépondérance* (481); alors commence la puissance *séculière* des *papes* (756).

Les ARABES, sous leur législateur *Mahomet* (622), embrassent une religion nouvelle, qui avec leur empire, s'étend de l'Asie en Afrique et de l'Afrique en Espagne (711). La France elle-même, menacée, est sauvée de la domination des *Maures* par *Charles Martel* (732), dont le petit-fils, Charlemagne, fut le grand homme de son siècle; il renouvela l'EMPIRE d'OCCIDENT (800).

Mais, à la mort de Charlemagne (814), il se forme, des débris de cet empire, de nouveaux royaumes qui sont le berceau de quelques-uns de ceux d'aujourd'hui.

D'autres états furent établis par les NORMANDS en Angleterre (1066) et dans le royaume de Naples (1130); les RUSSES (862) et les HONGROIS (1000).

Le *système féodal* (877) ou la puissance des seigneurs, s'étendit bientôt sur toute l'Europe; l'autorité royale s'effaça, les *vassaux* dominèrent; l'*anarchie* fut la conséquence de ce gouvernement, qui aurait perdu les *monarchies*, sans l'usage, qui ne put s'éteindre, de porter *foi* et *hommage* au roi. La *chevalerie* vint en quelque sorte réprimer les injustices des grands, car l'enthousiasme de l'honneur animait les nobles chevaliers.

Le pouvoir sacerdotal, qui, dès le 8e s. (756), avait voulu joindre l'autorité temporelle à l'autorité spirituelle, s'accrut surtout sous *Grégoire VII*, et la querelle des *Investitures* (1073), qui se compliqua jusqu'en 1260, de la lutte entre les *Guelfes* et les *Gibelins*, troubla l'Europe pendant des siècles.

Les *croisades* du 11e au 13e siècle (1095-1270) influèrent puissamment sur l'état des peuples européens; elles développèrent l'intelligence, concentrèrent le pouvoir dans les mains du roi, et diminuèrent celui des grands.

L'*établissement des communes* (1108), qui en fut une des conséquences, fit naître des idées de liberté. L'Italie se couvrit de *républiques;* le royaume des DEUX-SICILES et celui de PORTUGAL furent fondés (1139); la *grande Charte* est donnée en Angleterre (1215); les *États-Généraux* (1302) sont convoqués en France sous Philippe IV le Bel. Depuis Boniface VIII le pouvoir temporel des Pontifes diminue; la Suisse se détache de l'Allemagne (1308); et, pour que la révolution soit complète, *trois grandes découvertes* hâtent les progrès de l'industrie, des arts, des lettres, et viennent influer sur les facultés de l'homme et sur son état politique; ce sont :

1° La *poudre à canon* qui changea l'art de la guerre (1321);

2° La *boussole*, qui permit aux navigateurs de se hasarder sur les mers, et à laquelle on doit la découverte des *nouvelles contrées* (1306);

3° L'*imprimerie*, qui étendit les idées en établissant des communications entre tous les peuples de la terre (1436).

Un évènement important vient terminer l'histoire du moyen-âge : c'est sous Constantin Dracosès, de la famille des Paléologues : la prise de *Constantinople*, par des Barbares asiatiques, les *Turcs*, ayant à leur tête Mahomet II (1453).

HISTOIRE MODERNE.

(1453.)

Les belles-lettres commencent à fleurir en Italie, sous le pape Léon X (1513-1521), en France, sous François I (1515-1547), en Angleterre, sous la reine Élisabeth (1558-1603). Un Génois, *Christophe Colomb*, découvre l'*Amérique* (1492). *Vasco de Gama*, navigateur portugais, double le cap de Bonne-Espérance et se fraye une route vers les *Indes* (1498). Une *réforme religieuse*, opérée par un moine allemand nommé *Luther* (1517), s'étend à tous les pays du monde, et, par des *guerres sanglantes*, menace de replonger l'Europe dans la barbarie.

La *paix de Westphalie*, en 1648, fait cesser les querelles religieuses et devient la base du système politique de l'Europe. C'est alors aussi que fut abaissée la maison d'Autriche, qui, depuis Charles-Quint, aspirait à la *monarchie universelle* (1519-1648).

La *France*, sous Louis XIV (1643-1715), succédait à la puissance colossale de l'Autriche; la paix d'*Utrecht* met des bornes à son ambition (1713). L'Europe cependant n'était pas délivrée de la crainte d'une *domination universelle;* de nouvelles puissances influentes et redoutables s'élèvent. *Pierre-le-Grand*, en Russie (1682-1725), et *Frédéric II*, en Prusse (1740-1786), dérangent toutes les combinaisons du traité de *Westphalie* (1648) ; le premier à *Pultava* (1709), abat la Suède; le second, à la guerre de *Sept-Ans* (1756-1763), menace l'Allemagne; leurs successeurs héritent de leur politique, et font disparaître de la carte la *Pologne*, dont la position, la *constitution* vicieuse causent la perte (1795-1807).

Mais une révolution plus terrible que *celle d'Angleterre* sous *Charles I* (1649), et sous *Jacques II* (1688), vient troubler les états; la famille des Bourbons, la plus ancienne de l'Europe tombe ; Louis XVI meurt sur l'échafaud (1793); la France, pendant quatorze siècles en *monarchie*, s'érige en république (1792), et bientôt un grand capitaine place sur sa tête la couronne des descendants de Henri IV (1804). *Une puissance militaire grandit* et renouvelle l'*empire de Charlemagne* (1804). La France, sous *Napoléon*, donne des lois à l'Europe (1804-1812). Mais bientôt les désastres succèdent à ses brillantes victoires, et les souverains européens humiliés se coalisent (1814). La France est vaincue ; son chef est renversé, les Bourbons remontent sur le trône (1814), et le traité de *Westphalie* sert encore de *base* au *système politique* de l'Europe (1815). De nouvelles révolutions en Belgique, à Rome, à Naples, en Suisse, en Prusse, en Autriche, en Hongrie, en Pologne, en France surtout, où se forme la nouvelle *République de Février* (24 février 1848), sont venues en 1830, 1831, 1833, 1834 et 1848, bouleverser toute l'Europe jusqu'en ses fondements. Une guerre formidable la menace encore en Orient. Puissent les hommes de foi, d'ordre et de progrès qui sont à la tête des *États*, associer leur tutélaire influence, et donner à toutes les classes la paix et le bonheur (1855)!

OBSERVATIONS.

L'élève devra répéter *d'une manière imperturbable*, et assigner des *époques* à chaque peuple, à chaque évènement dont il sera parlé. On lui fera placer sur son cachier des numéros qui répondront à chacun des grands *faits*, et l'explication s'en fera par *écrit* et verbalement.

MODÈLE DE QUESTIONS.

Je ne donnerai que deux questions pour exemple. L'élève dit au commencement : « Les hommes que Dieu avait créés immortels, encourent sa vengeance. » On lui demandera :

Comment les hommes, etc.. encoururent-ils sa vengeance?

Plus loin, l'élève dit, en parlant des Phéniciens : « Ils étendirent leurs relations dans la plus grande partie de l'ancien » monde. »

Dans quelles contrées les Phéniciens étendirent-ils leurs relations?

On insistera, comme dans les *Narrations historiques,* sur les *lieux,* les *grands hommes*, les *évènements.*

C'est sur la grande carte que cette *petite revue* doit se dire.

Pour les autres exercices, il est utile de consulter le *Manuel de la Méthode* de l'auteur.

CHRONOLOGIE.

ÉVÈNEMENTS PRINCIPAUX DE L'HISTOIRE A ANALYSER à l'aide des histoires particulières et de l'*Histoire générale* de l'auteur.

TEMPS PRIMITIFS.

Siècles.	Av. J.-C.
50e	4963. *Création du monde.*
49e	4833. *Mort d'Abel.*
34e	3308. *Déluge universel.*
30e	2907. *Dispersion des hommes.*

TEMPS MYTHOLOGIQUES.

25e	2467. *Fondation du royaume d'Égypte.*
23e	2296. *Vocation d'Abraham.*
22e	2164 *Fondation de Sycione.*

Fondation des Empires.

21e	2096. *Histoire de Joseph.*
	2075. *Fin des Hycsos en Égypte.*
	2040. *Règne de Mœris en Égypte.*

TEMPS HÉROÏQUES.

Fondation des plus anciennes villes de la Grèce.

Siècles.	Av. J.-C.	
20e	1993.	*Réunion des empires de Babylone et de Ninive, par Bélus.*
	1986.	*Inachus fonde Argos.*
	1968.	*Ninus et Sémiramis.*
	1916.	*Conquêtes de Sémiramis.*
17e	1645.	*Sortie d'Égypte; loi donnée*
	1605.	*Entrée dans la Terre promise.*
16e	1582.	*Fondation d'Athènes.*
	1516.	*Fondation de Sparte.*
15e	1434.	*Législation de Minos, roi de Crète.*
14e	1350.	*Voyage des Argonautes en Colchide.*

TEMPS POÉTIQUES.

Naissance des beaux-arts en Grèce.

Siècles.	Av. J.-C.	
13e	1280.	*Guerre de Troie.*
12e	1132.	*Dévouement de Codrus, roi d'Athènes. Abolition de la royauté.*

Royauté chez les Hébreux.

Siècles.	Av. J.-C.	
11e	1080.	*Saül, roi des Hébreux.*
	1040.	*Règne de David.*
	1001.	*Règne de Salomon.*
10e	991.	*Dédicace du Temple.*
	962.	*Schisme des dix tribus. Royaumes d'Israël et de Juda.*

TEMPS HISTORIQUES.

Temps législatifs.

Siècles.	Av. J.-C.
9e	866. *Législation de Lycurgue à Sparte.*
	860. *Fondation de Carthage.*

Origine de la puissance romaine.

8e	776. *Première olympiade.*
	759. *Fin du premier empire d'Assyrie.*
	753. *Fondation de Rome.*
	747. *Ère de Nabonassar.*

Captivité des Hébreux.

7e	684. *Deuxième guerre de Messénie.*
	667. *Combat des Horaces et des Curiaces.*
	606. *Prise de Jérusalem par Nabuchodonosor; commencement de la captivité.*
	600. *Première expédition des Gaulois en Germanie et en Italie.*
	600. *Marseille fondée par les Phocéens.*

Gloire des Perses.

6e	594. *Législation de Solon à Athènes.*
	538. *Cyrus prend Babylone.*
	536 *Édit de Cyrus. Fin de la captivité. Réunion de la Médie à la Perse.*
	525. *Conquête de l'Égypte par Cambyse.*
	509. *Expulsion des Tarquins.*

Gloire militaire, politique et littéraire de la Grèce.

Siècles.	Av. J.-C.	
5e	493.	*Premiers troubles à Rome. Retraite du peuple au Mont-Sacré.*
	490.	*Guerre médique. Victoire de Marathon.*
	431.	*Guerre du Péloponèse.*
	401.	*Retraite des Dix-Mille.*

Démembrement de l'empire d'Alexandre.

Siècles.	Av. J.-C.	
4e	400.	*Mort de Socrate.*
	390.	*Siége de Rome par les Gaulois.*
	363.	*Guerres de Thèbes. Mort d'Épaminondas, vainqueur à Leuctres et à Mantinée.*
	338.	*Victoire de Philippe à Chéronée; Démosthènes.*
	336.	*Avènement d'Alexandre.*
	334.	*Conquêtes d'Alexandre en Asie.*
	331.	*Bataille d'Arbelles. Fin de l'empire des Perses.*
	301.	*Bataille d'Ipsus. Partage de l'empire d'Alexandre.*

Rivalité de Rome et de Carthage.

Siècles.	Av. J.-C.	
3e	280.	*Ligue Achéenne.*
	280.	*Guerre tarentine. Pyrrhus.*
	264.	*Première guerre punique. Régulus.*
	255.	*Empire des Parthes.*
	218.	*Deuxième guerre punique. Rivalité d'Annibal et de Scipion.*
	202.	*Bataille de Zama. Carthage vaincue.*

Guerres civiles de Rome.

Siècles.	Av. J.-C.	
2e	168.	*Défaite de Persée à Pydna, par Paul-Emile.*
	166.	*Victoires de Judas Machabée.*
	146.	*Soumission de la Grèce. Incendie de Corinthe.*
	146.	*Destruction de Carthage, par Scipion-Émilien.*
	115.	*Guerres cimbriques. Marius.*
	112.	*Guerre numidique. Jugurtha.*

Conquêtes de Jules-César.

Siècles.	Av. J.-C.	
1er	90.	*Guerres pontiques. Mithridate.*
	88.	*Rivalité de Marius et de Sylla.*
	73.	*Guerre des esclaves. Spartacus.*
	73.	*Révolte de Sertorius en Espagne.*
	60.	*Premier triumvirat.*
	58.	*Conquête des Gaules, par César.*
	43.	*Second triumvirat.*
	31.	*Bataille d'Actium. Réduction de l'Égypte.*
	29.	*Octave, empereur.*

APRÈS L'ÈRE VULGAIRE.

Domination romaine sur le monde connu.

Siècles.	Ap. J.-C.	
1er		*Règnes des douze Césars.*
	9	*Défaite de Varus à Teutobourg.*
	14.	*Mort d'Auguste.*
	16.	*Victoire de Germanicus sur Arminius.*
	33.	*Mort de Jésus-Christ. Prédication de l'Évangile.*
	41.	*Conquête d'une partie de la Bretagne par les Romains.*
	64.	*Première persécution des chrétiens sous Néron.*
	70.	*Prise de Jérusalem par Titus.*

Civilisation romaine sous les Antonins.

Siècles.

2e
106. *Conquêtes de Trajan.*
161. *Marc-Aurèle le Philosophe.*

Anarchie militaire.

3e
223. *Second empire des Perses. Sassanides.*
241. *Première apparition des Francs.*
273. *Défaite de Zénobie, reine de Palmyre.*

Partage de l'empire Romain.

4e
303. *Dernière persécution sous Dioclétien. Ère des Martyrs.*
325. *Concile de Nicée. Condamnation d'Arius.*
330. *Translation du siége de l'empire à Byzance.*
395. *Mort de Théodose. Empire d'Orient et d'Occident.*

Chute de l'empire romain d'Occident.

Invasion.

5e
406. *Invasion des peuples barbares.*
418. *Les Francs dans la Gaule.*
449. *Hengist et Horsa. Premier royaume saxon.*
452. *Défaite d'Attila.*
452. *Commencements de Venise.*
476. *Chute de l'empire romain d'Occident.*
476. *Établissement des états modernes.*

HISTOIRE DU MOYEN-AGE.

Chaos politique.

Siècles.

6e
507. *Invasion des Wisigoths en Espagne.*
534. *Conquêtes de Bélisaire.*
568. *Les Lombards en Italie.*
587. *Traité d'Andelot.*
590. *Pontificat de Grégoire-le-Grand*

Gloire militaire des Arabes.

7e
613. *Rivalité de Frédégonde et de Brunehaut.*
622. *Hégire de Mahomet.*
687. *Bataille de Testry. Triomphe des Austrasiens.*

Gloire de la monarchie Franke.

8e
711. *Les Maures en Espagne.*
732. *Victoire de Charles-Martel sur les Sarrasins.*
768. *Règne de Charlemagne.*

Féodalité.

9e
800. *Charlemagne, empereur d'Occident.*
827. *Réunion de l'Heptarchie par Egbert.*
877. *Système féodal sous Charles-le-Chauve.*

Ignorance. — Monarchie française.

Siècles.

10e

911. *Conrad I, empereur d'Allemagne.*
912. *Les Normands en France.*
962. *Conquête de l'Italie par Othon-le-Grand.*
987. *Avènement de Hugues Capet.*
988. *Introduction du Christianisme en Russie, par Wladimir.*

Croisades.

11e

1066. *Conquête de l'Angleterre par les Normands.*
1073. *Pontificat de Grégoire VII. Querelle des Investitures.*
1095. *Commencement des croisades.*

Communes.

12e

1118. *Affranchissement des communes en France par Louis VI.*
1139. *Fondation du royaume de Portugal par Alphonse Henriquez.*

Extension de la royauté.

13e

1214. *Bataille de Bouvines.*
1215. *Conquêtes de Gengis-Khan.*
1270. *Dernière croisade. Mort de saint Louis.*
1282. *Vêpres Siciliennes.*

Découvertes. — Progrès de l'esprit humain.

Siècles.

1306. *Découverte de la boussole et de la poudre à canon*
1308. *Confédération helvétique; Guillaume Tell.*
1310. *Établissement du conseil des Dix à Venise.*
1312. *Concile de Vienne. Suppression des Templiers.*
14e 1328. *Prétentions d'Édouard III au trône de France. Guerre de Cent-Ans.*
1347. *Conjuration de Rienzi à Rome.*
1355. *Conjuration de Marino Faliero à Venise.*
1370. *Conquêtes de Tamerlan.*

Découverte de l'imprimerie.

1415. *Supplice de Jean Huss. Guerre des Hussites.*
1420. *Traité de Troyes.*
1431. *Supplice de Jeanne d'Arc.*
1436. *Découverte de l'imprimerie.*
15e 1452. *Guerre des Deux-Roses.*
1453. *Prise de Constantinople par les Turcs.*
1456. *Exploits de Jean Huniade Corvin, contre les Turcs.*
1461. *Règne de Louis XI.*

HISTOIRE MODERNE.

Découverte de l'Amérique.

1474 (1479). *Réunion des royaumes de Castille et d'Aragon.*
1477. *Mort de Charles-le-Téméraire.*
15e 1487. *Conspiration des Pazzi à Florence, contre les Médicis.*
1492. *Découverte de l'Amérique par Christophe Colomb.*
1492. *Maures chassés d'Espagne.*

15e
1494. *Guerres d'Italie.*
1498. *Vasco de Gama double le cap de Bonne-Espérance, sous Emmanuel-le-Grand.*

Guerres de religion.

16e
1509. *Henri VIII, roi d'Angleterre. Schisme.*
1513. *Pontificat de Léon X.*
1517. *Réforme de Luther et de Zwingle.*
1519. *Premier tour du monde par Magellan.*
1519. *Rivalité de François I et de Charles-Quint.*
1523. *Gustave Wasa délivre la Suède.*
1547. *Conjuration de Fiesque, à Gênes.*
1554. *Supplice de Jeanne Gray.*
1558. *Règne d'Élisabeth.*
1571. *Victoire de Lépante sur les Turcs.*
1572. *Massacre de la Saint-Barthélemy.*
1580. *Philippe II acquiert le Portugal, et perd les Pays-Bas.*
1588. *États de Blois. Assassinat des Guises.*
1589. *Avènement de Henri IV. Sa guerre contre les Espagnols et les Ligueurs*

Influence politique, militaire et littéraire de la France, sous Richelieu et Louis XIV.

17e
1605. *Conspiration des Poudres, en Angleterre.*
1618. *Guerre de Trente-Ans.*
1640. *Révolution du Portugal. Avènement de la maison de Bragance.*
1643. *Louis XIV. Ministère de Mazarin.*
1647. *Masaniello à Naples.*
1648. *Paix de Westphalie.*
1649. *Exécution de Charles I.*
1661. *Louis XIV règne seul.*
1672. *Assassinat des frères de Witt, en Hollande.*

Siècles.

17e

1683. *Vienne, assiégée par les Turcs, est délivrée par Sobieski.*
1685. *Révocation de l'Édit de Nantes.*
1688. *Révolution d'Angleterre. Avènement de Guillaume d'Orange*
1689. *Pierre-le-Grand seul.*

Révolutions.

18e

1700. *Succession d'Espagne.*
1709. *Défaite de Charles XII à Pultava.*
1740. *Succession d'Autriche.*
1756. *Guerre de Sept-Ans.*
1762. *Règne de Catherine II, en Russie.*
1772. *Révolution de Suède. En Danemark, chute de Struensée.*
1783. *Indépendance reconnue des États-Unis.*
1789. *Révolution française.*
1792. *République française.*
1793. *Exécution de Louis XVI.*
1796. *Campagne d'Italie.*
1798. *Expédition d'Égypte.*
1799. *Révolution de Saint-Domingue.*

Gloire politique et militaire de la France, sous Napoléon.

Continuation des révolutions.

19e

1804. *Napoléon, empereur.*
1808. *Détrônement des Bourbons d'Espagne.*
1814. *Restauration des Bourbons.*
1815. *Bataille de Waterloo.*
1827. *Bataille de Navarin.*
1828. *Guerre des Russes et des Turcs.*
1830. *Révolution de Paris.*

19e

1830. *Révolution de Pologne.*
1831. *Insurrection des États de l'Église.*
1833. *Révolution de Portugal.*
1833. *Révolutions de la Suisse.*
1834. *Guerre de succession d'Espagne.*
1835. *Expédition française à Constantine.*
1837. *Expédition de Don Carlos en Espagne.*
1837. *Prise de Constantine par les Français.*
1838. *Prise de Saint-Jean d'Ulloa par les Français.*
1839. *Mort de Mahmoud, empereur des Turcs.*
1839. *Révolution à Zurich.*
1840. *Insurrection en Portugal.*
1840. *Abdication de la reine-régente d'Espagne Christine de Bourbon.*
1840. *Translation des restes de l'Empereur.*
1842. *Mort du duc d'Orléans.*
1843. *Prise de la Smala d'Abd-el-Kader.*
1844. *Révolte de Saint-Domingue.*
1844. *Bombardement de Tanger.*
1844. *Bataille d'Isly.*
1845. *Insurrection en Suisse.*
1846. *Pie IX monte sur le trône pontifical.*
1847. *Soumission d'Abd-el-Kader.*
1848. *Révolution en France, en Prusse, en Lombardie, en Autriche, à Naples, à Rome, en Hongrie.*
1848. *République française.*
1848. *Révolte des Hongrois.*
1851. 20 décembre. — *Réélection de Louis-Napoléon par le suffrage universel.*
1852. 2 décembre. — *Louis-Napoléon, proclamé empereur sous le nom de Napoléon III.*
1854. *Guerre contre la Russie.*
1855. 8 septembre. — *Prise de Sébastopol*
1856. *Traité de Paris entre les puissances occidentales et la Russie.*
1859. *Guerre d'Italie.*
1861. *Reconnaissance du royaume d'Italie par la France.*
1866. *Guerre entre l'Autriche, — et la Prusse et l'Italie.*

TABLEAU DES GRANDS HOMMES.

SIÈCLES.	PERSONNAGES Qui ont donné leur nom à leur siècle.	PERSONNAGES MARQUANTS.
	HISTOIRE ANCIENNE.	
	SIÈCLES AVANT J.-C.	
50	ADAM.............	Caïn, Abel.
49	SETH..............	Caïn, Abel.
34	NOÉ...............	Sem, Cham, Japhet.
30	PHALEG (dispers.) ..	Fo-hi.
27	NEMROD...........	Assur, Sarug, Héber.
25	MÉNÈS............	Tharé.
23	ABRAHAM..........	Loth, Chodorlahomor, Sara, Melchisédech.
22	JACOB.............	Ismaël, Agar, Isaac.
21	JOSEPH............	Thoutmosis, Mœris.
20	SÉMIRAMIS.........	Bélus, Ninus, Inachus, Phoronée, etc.
19	ÆGYALÉE..........	Sparton, Ninyas.
18	OGYGÈS............	Ramssès, Job.
17	MOÏSE et AGÉNOR...	Aménophis, Sésostris.
16	CÉCROPS...........	Cadmus, Deucalion, Danaüs, Josué. Amphictyon, Othoniel.
15	MINOS.............	Eaque, Rhadamante, Dédale.

SIÈCLES.	PERSONNAGES Qui ont donné leur nom à leur siècle.	PERSONNAGES MARQUANTS.
14	**HERCULE.**	Tantale, Jason, Persée, Thésée, Œdipe, Débora, Gédéon, Orphée.
13	**AGAMEMNON, PRIAM.**	Achille, Hector, Ulysse, Énée, Jephté, Booz.
12	**SAMUEL**..........	Codrus, les Héraclides, Samson, Héli.
11	**SALOMON**..........	Saül, David, Absalon, Hiram.
10	**HOMÈRE**..........	Jéroboam, Sésac, Rodoam.
9	**DIDON**............	Caranus, Athalie, Lycurgue, Josaphat.
8	**ROMULUS**..........	Numa, Nabonassar, Tobie.
7	**NABUCHODONOSOR**...	Thalès, Psammétique, Judith, Daniel, les Horaces.
6	**CYRUS**............	Solon, Pisistrate, Pythagore, Tarquin-le-Superbe, Brutus, Confucius, Crésus, Cambyse.
5	**PÉRICLÈS**..........	Coriolan, Miltiade, Léonidas, Thémistocle, Alcibiade, Socrate, Xénophon, Platon, Hérodote, Thrasybule.
4	**ALEXANDRE-LE-GR.**	Philippe, Aristote, Épaminondas, Camille, Phocion, Démosthène, Darius-Codoman, Brennus.
3	**ANNIBAL**..	Publius-Scipion, Pyrrhus, Ptolémée-Philadelphe, Aratus, Régulus, Archimède, Agis, Philopœmen.
2	**LES GRACQUES**......	Antiochus-Épiphane, Paul-Émile, Scipion-Émilien, Jugurtha.
1	**JULES CÉSAR**.......	Mithridate, Marius, Sylla, Pompée, Catilina, Sertorius, Spartacus, Cicéron, Cléopâtre.

SIÈCLES.	PERSONNAGES Qui ont donné leur nom à leur siècle.	PERSONNAGES MARQUANTS.
	SIÈCLES APRÈS J.-C.	
1	AUGUSTE..........	Mécène, Tibère, Séjan, Germanicus, Néron, Vespasien, Titus, Arminius.
2	ANTONIN, MARC-AURÈLE.........	Trajan, Adrien.
3	DIOCLÉTIEN.........	Zénobie, Auxélien, Artaxerxès, Alexandre-Sévère, Ossian.
4	CONSTANTIN........	Julien-l'Apostat, Théodose-le-Grand, Stilicon.
5	ATTILA, CLOVIS....	Odoacre, Mérovée, Théodoric, Syagrius, Alaric, Hengist et Horsa.
	MOYEN-AGE.	
6	JUSTINIEN..........	Bélisaire, Narsès, Alboin, Grégoire-le-Grand, Chosroès-le-Grand, Frédéric, Brunehaut, Totila, Clotaire I, Théodebert.
7	MAHOMET..........	Omar, Ali, Héraclius, Ebroïn, Pépin d'Héristal, Dagobert.
8	CHARLEMAGNE......	Charles-Martel, Aroun-al-Raschid, Irène, Zacharie, Wittikind, Rodrigue, Tarik, Alphonse-le-Catholique, Pépin-le-Bref, saint Boniface, Astolphe, Abdérame, Didier.
9	ALFRED-LE GRAND.. ALMAMOUN.	Eudes, Robert-le-Fort, Rurick, Photius, Egbert.

SIÈCLES.	PERSONNAGES Qui ont donné leur nom à leur siècle.	PERSONNAGES MARQUANTS.
10	ABDÉRAME III, OTHON-le-GRAND.	Rollon, Wladimir, Hugues-le-Blanc, Hugues-Capet, Gerbert.
11	GUILLAUME (le CONQUÉRANT.)	Grégoire VII, Alexis Comnène, Canut-le-Grand, Robert Guiscard, Le Cid, Suénon, Gui d'Arezzo, Macbeth, Godefroy de Bouillon.
12	PHILIPPE-AUGUSTE, SALADIN.	Richard Cœur-de-Lion, Alphonse Henriquez, Eric, Frédéric-Barberousse, l'abbé Suger, Thomas Becket, saint Bernard.
13	GENGIS-KHAN, RODOLPHE DE HAPSBOURG.	Otman, saint Louis, Philippe-le-Bel, Charles d'Anjou, Boniface VIII, Baudoin, Blanche de Castille, Marco-Polo, Jacques Molay.
14	ÉDOUARD III....... TAMERLAN.	Marguerite de Waldemar, Bajazet, Guillaume Tell, Rienzi, le prince Noir, Duguesclin.

HISTOIRE MODERNE.

SIÈCLES.	PERSONNAGES Qui ont donné leur nom à leur siècle.	PERSONNAGES MARQUANTS.
15	CHRISTOPHE-COLOMB, MAHOMET II.	Henri V, Ferdinand V le Catholique, Gonzalve de Cordoue, Jeanne d'Arc, Charles-le-Téméraire, Louis XI, Albuquerque, Guttemberg, Laurent de Médicis, Jean Sans-Peur.

SIÈCLES.	PERSONNAGES Qui ont donné leur nom à leur siècle.	PERSONNAGES MARQUANTS.
16	CHARLES-QUINT, LÉON X, FRANÇOIS Ier.	Henri VIII, Élisabeth, Luther, Gustave-Wasa, Catherine de Médicis, Emmanuel-le-Grand, Gama, Magellan, Bayard, Pizarre, Cortez, Las Cazas, le duc d'Albe, Doria, Spinola, Machiavel, Ximénès, Thomas Morus, Calvin, Marie Stuart, Les Guises, Coligny.
17	LOUIS XIV........	Henri IV, Cromwell, Christine, Richelieu, Wallenstein, Gustave-Adolphe, Mazarin, Colbert, Condé, Louvois, Turenne, Marlborough, Eugène, Catinat, Villars, Vendôme, Guillaume III, Vincent de Paule, Duguay-Trouin.
18	PIERRE-LE-GRAND, CHARLES XII.	Frédéric II, Marie-Thérèse, Catherine II, Bonaparte, Georges III, Cook, Washington, Lafayette, Souwarow, Mirabeau, Philippe d'Orléans, Stanislas.
19	NAPOLÉON..........	Alexandre I, Mahmouth II, Kléber, Bernadotte, Canning, Nicolas I.

OBSERVATIONS.

Cette liste séculaire des *grands hommes* est un des exercices les plus utiles de ma méthode historique. Il faut que l'élève la possède parfaitement.

MODÈLE DE QUESTIONS.

Six questions suffiront pour faire connaître la marche qu'on doit suivre en interrogeant l'élève :

1° *Dans quel siècle Annibal?*
2° *Combien s'est-il écoulé de siècles entre Annibal et Louis XIV?*
3° *Dans quelle histoire trouvez-vous Annibal; à quelle occasion en parle-t-on?*
4° *Quel est le caractère de chaque siècle?*
5° *Par quelle pensée pouvez-vous lier les personnages de tel siècle?*
6° *Classez tous les grands hommes par lettre alphabétique.*

DÉVELOPPEMENT

DES PRINCIPAUX ÉVÈNEMENTS DE L'HISTOIRE CHRONOLOGIQUE.

HISTOIRE ANCIENNE.

4963 av. J.-C. — Dieu crée, en six jours, le ciel, la terre, l'homme et la femme, qu'il fait à son image. Mais Adam et Ève lui désobéissent, et, chassés du Paradis terrestre, ils sont condamnés au travail et à la mort.

4833. Adam et Ève, après leur chute, eurent deux fils, Caïn et Abel. Caïn conçut de la jalousie contre son frère et le tua. Ce fut le premier meurtre.

3308. — Les descendants de Caïn, appelés les *enfants des hommes*, corrompirent les descendants de Seth et d'Énos, appelés les *enfants de Dieu*, et le mal devint si grand que Dieu se résolut à détruire le genre humain par un déluge.

Noé le juste, trouva grâce devant Dieu. Il entra dans l'arche avec sa famille et un couple de tous les animaux. Toute la terre fut submergée. — L'arche s'arrêta sur le mont *Ararat*, en *Arménie*.

2907. — Les descendants des trois fils de Noé, Sem, Cham et Japhet, vivent d'abord tous ensemble dans les plaines de Sennaar; puis, obligés de se séparer, ils veulent élever une tour jusqu'au ciel ; mais Dieu confond leur langage, et ils se dispersent en laissant inachevé le monument de leur *confusion* (Babel). Les descendants de Sem peuplent l'Asie Orientale; ceux de Cham, l'Afrique; ceux de Japhet, l'Europe et l'Asie Septentrionale.

2467. — Ménès ou Misraïm, fils de Cham, fonde Memphis et dirige le cours du Nil : c'est le premier roi d'Égypte.

2296. — Dieu choisit Abraham (9e descendant de Sem), pour en faire la tige d'un peuple à part, dépositaire de la vérité religieuse. Il l'appelle de la ville d'Ur, en Chaldée, dans la *Terre promise* ou terre de *Chanaan.*

2241. — Dieu voulut éprouver la foi et l'obéissance d'Abraham ; il lui ordonna de lui immoler son fils. Le patriarche n'hésita pas, et son fils fut épargné.

2076. — D'Isaac naquit Jacob. Ce dernier eut douze fils pères des douze tribus. L'un d'eux, Joseph, vendu par ses frères, devint ministre d'un pharaon égyptien, et établit les Hébreux dans la terre de Gessen; c'est là que son père Jacob mourut à l'âge de 147 ans. Joseph accourut l'ensevelir près d'Hébron, dans le tombeau de leurs ancêtres. Il était accompagné de ses deux fils, *Manassé* et *Ephraïm.*

2075. — Des étrangers, Arabes ou Phéniciens, connus sous le nom d'*Hycsos* ou *Rois Pasteurs,* envahissent l'Egypte, sous le roi Salatis, et s'y maintiennent 260 ans. Thoutmosis, roi de Thèbes, parvient à les chasser.

2040. — Parmi les success urs de Thoutmosis, on remarque Mœris, célèbre par le lac qu'il fit creuser dans le nome des *Crocodiles.*

1993. — Fondés en 2680, l'un par Nemrod, l'autre par Assur, les royaumes de Babylone et de Ninive sont réunis par Bélus, qui reçoit les honneurs divins.

1986. — Le phénicien Inachus, s'étant imposé pour chef aux Pélasges, fonde le royaume d'Argos et la dynastie des Inachides.

1968. — Fils et successeur de Bélus, Ninus agrandit Ninive à laquelle il donne son nom, et s'empare de la Bactriane.

1916. — Sémiramis, veuve de Ninus, recule ses frontières jusqu'à l'Indus, et fait construire, entre autres monuments, les jardins suspendus de Babylone.

1645. — Moïse, *sauvé des eaux* par la fille du pharaon Aménophis, tire son peuple de la terre de servitude. Après avoir passé la mer Rouge et traversé le désert d'Arabie, après avoir donné, sous l'inspiration divine, *les dix commandements* sur le mont Sinaï, au bout de quarante ans de voyage, il arriva sur les confins de la terre promise; il mourut sur le mont Nébo. Il avait fait la conquête du pays à l'Orient du Jourdain.

1645. — Sésostris-le-Grand partage l'Égypte en 36 nomes, étend ses conquêtes jusqu'au Gange, et laisse de nombreux monuments, entre autres l'obélisque de Louqsor, actuellement à Paris. — Étant devenu aveugle, il se donna la mort.

1605. — Après plusieurs révoltes sévèrement punies, les Hébreux arrivent sur les confins de la terre promise, dont Josué, successeur de Moïse, fait la conquête après la prise de *Jéricho*, et qu'il partage entre les douze tribus.

1582. — L'égyptien *Cécrops*, arrivé dans l'Attique qu'il appelle *Cécropie*, y fonde le royaume d'Athènes, qui dure jusqu'à *Codrus* (1132), et civilise les Athéniens.

1431. — Minos vient s'établir d'Asie en Crète, et donne à ses sujets la première législation connue en Grèce. Plus tard elle sert de modèle à Lycurgue.

1350. — A la tête de plusieurs héros grecs, parmi lesquels on distingue Hercule, Orphée, Castor et Pollux, le thessalien *Jason* s'embarque sur le navire Argo, pour aller en Colchide ravir les richesses d'*Ætès*, roi de *Colchos*. On appelle *expédition des Argonautes*, cette entreprise guerrière et commerciale des Grecs contre les Colchidiens.

1280. — La geurre de Troie est la seconde expédition guerrière des Grecs contre l'Asie. Un des fils de Priam, roi de Troie, le beau Pâris, enlève Hélène, femme du roi de Sparte, Ménélas. Ce fut là le prétexte d'une lutte contre les Asiatiques. Aussitôt, la Grèce entière se précipite sur l'Asie, sous la conduite d'*Agamemnon,* frère du prince outragé. Le fougueux Achille et l'habile Ulysse le secondent. Après un siége de dix ans, Troie est prise et livrée aux flammes, en 1270.

1132. — Ayant appris de l'oracle que, dans la guerre faite par les Doriens aux Athéniens, l'avantage resterait à celui des deux peuples dont le chef serait tué, Codrus, roi d'Athènes, se dévoue pour les siens. Après lui, les Athéniens abolissent la royauté, et la remplacent par l'archontat.

1190. — Conquête du Péloponèse par les Doriens ; formation des colonies grecques d'Asie-Mineure.

1080. — Sacré roi par Samuel, 14me *et dernier Juge*, Saül est ensuite réprouvé par sa désobéissance aux ordres de Dieu. et remplacé par David, qu'il cherche en vain à faire périr. Il meurt, avec quatre de ses fils, à la bataille de *Gelboé,* contre les Philistins.

1001. — David prend Jérusalem dont il fait sa capitale, défait les Philistins, les Moabites, tue le géant Goliath, et laisse, en mourant, le trône à Salomon, prince instruit, pacifique et sage, qui fait construire le temple de Jérusalem.

991. — La construction du temple de Jérusalem par Salomon eut lieu sur la montagne de *Moria*, comme David en avait conçu le plan. Près de 200 mille ouvriers y furent employés pendant sept ans; *Hiram*, roi de *Tyr*, fournit le cèdre et le sapin, et des ouvriers phéniciens reconnus pour les constructeurs les plus habiles.

962. — On appelle *schisme* la séparation des deux royaumes. Sous Roboam, fils de Salomon, les peuples écrasés d'impôts se soulèvent. Dix tribus se donnent pour chef Jéroboam, et forment le royaume d'*Israël*, dont la capitale fut *Samarie;* les deux tribus de Juda et de Benjamin forment le royaume de Juda, capitale *Jérusalem.*

866. — Par ses lois, Lycurgue régularise à Sparte les coutumes doriennes, établit deux rois, un sénat, une assemblée générale, et le tribunal des cinq éphores. Les repas sont publics, les enfants appartiennent à l'État; l'argent, le commerce et les arts sont proscrits.

860. — *Didon*, princesse de *Tyr*, fuyant la cruauté de son frère Pygmalion, meurtrier de Sichée, son époux, fonde Carthage, en Afrique. Par le moyen de ses flottes, cette ville obtient bientôt le monopole du commerce et l'empire des mers.

776. — On appelle *Olympiade* l'espace de quatre ans, entre deux célébrations de jeux *Olympiques*. La première commence avec l'année du rétablissement de ces jeux, où l'athlète Corébus remporte la victoire.

759. — Dernier successeur de Ninus, l'efféminé Sardanapale, assiégé dans Ninive par Arbacès et Bélésis, chefs des Mèdes et des Babyloniens révoltés, se brûle dans son palais avec ses femmes et ses trésors. Trois nouveaux empires se fondent : la Médie, la Babylonie et Ninive, sous Bélésis, Arbacès et Phul.

758.— Douze rois de la race d'Énée se succèdent à Albe-la-Longue. Procas, l'un d'eux, a deux fils, Numitor et Amulius. Celui-ci renverse son frère aîné, et place parmi les vestales sa nièce Rhéa Sylvia, qui, malgré ses vœux, donne le jour à deux jumeaux, Romulus et Rémus. Exposés sur le Tibre par Amulius, et sauvés par le pâtre Faustulus ils fondent plus tard, au même endroit, la ville de Rome. Romulus, pour la peupler, ouvre un asile, et fait enlever les Sabines. De là, guerre avec les Sabins, dont le chef, Tatius, s'établit à Rome, et partage le pouvoir avec Romulus. Celui-ci est égorgé par les sénateurs, jaloux de son autorité. Vient ensuite le règne pacifique et religieux du sabin Numa Pompilius, qui classa les Romains en corps de métiers, sans distinction d'origine.

747. — Nabonassar, roi de Babylone (748-734), commence l'ère qui porte son nom, et dont le point de départ est le 26 février. C'est l'époque d'une chronologie plus sûre en Orient.

684. — On nomme guerres de Messénie la rivalité entre Sparte et Messène; elles eurent pour prétexte des outrages faits à des jeunes filles spartiates. La première dura 20 ans (744-724); la deuxième 14 (684-668). Malgré la valeur d'Aristodème (1re guerre) et d'Aristomène (2e guerre), les Messéniens sont vaincus, grâce au poète athénien, Tyrtée. Les uns grossissent le nombre des Ilotes, les autres vont rebâtir Zancle de Sicile, et lui donnent le nom de Messine. La troisième guerre dure 10 ans, et se termine par la prise du mont Ithome.

667. — Successeur de Numa, Tullus Hostilius s'empare d'Albe-la-Longue, par la victoire des trois Horaces sur les trois Curiaces, et la détruit après la trahison du chef albain Suffétius.

606. — Affaiblis par de perpétuelles discordes, les deux royaumes d'Israel et de Juda sont asservis, l'un par Salmanasar, roi d'Assyrie (718), et l'autre par Nabuchodonosor, roi de Babylone, qui emmène en captivité une partie des habitants, prend Jérusalem et détruit le Temple. C'est le commencement des 70 années de captivité.

600. — Marseille est fondée en Gaule, par Euxène ou Protis, à la tête d'une colonie phocéenne. Cette cité prit un grand accroissement, et devint la capitale de tous les établissements grecs, fondés par la suite dans le midi de la Gaule et de l'Espagne. — Les Massaliotes acquirent de bonne heure l'alliance de Rome et l'inimitié de Carthage.

600. — Ambigat, roi des Bituriges, envoie ses neveux chercher de nouvelles demeures. Le premier, Bellovèse, à la tête des Sénonais, s'établit dans l'Italie septentrionale (Gaule Cisalpine); le second, Sigovèse, passe en Germanie avec une colonne de Boiens, et s'établit en Pannonie (Hongrie), au centre de ce pays.

594. — Aux lois sanglantes de Dracon, succède un code plus humain. Solon distribue les Athéniens en 4 classes, d'après le revenu, établit un sénat de 400 membres annuels, et un *Aréopage* composé des archontes sortis de charge. Ce gouvernement était un mélange de démocratie, d'aristocratie et d'oligarchie.

536. — Maître de Babylone dont il s'était emparé (538), vainqueur de Balthasar, de Crésus, roi de Lydie (547), et des autres contrées de l'Asie-Mineure, *Cyrus* accorde aux Juifs (ils n'étaient plus que 42,360), dans un édit fameux, la permission de retourner dans leur patrie. Le temple de Jérusalem est reconstruit sous Zorobabel, et les murailles rétablies sous Néhémie. C'est la fin de la captivité.

525. — Fils et successeur de Cyrus, mort en 530, *Cambyse* s'empare de l'Égypte sur Psamménit, échoue dans une expédition contre l'Éthiopie, immole le bœuf Apis, fait périr son frère Smerdis et sa sœur Méroé, et meurt lui-même en 522.

509. — La royauté de Rome est abolie à cause du despotisme de Tarquin-le-Superbe, auquel les Romains devaient cependant l'achèvement des égouts, du cirque et la construction du Capitole. — Deux consuls, pris dans le Séna et renouvelés chaque année, gouvernent la république. — Junius Brutus et Tarquin Collatin, mari de Lucrèce, furent les deux premiers consuls. — Il y avait un roi des sacrifices qui portait le *sceptre* et la *couronne*, mais qui n'avait aucune autorité.

— Athènes se délivre des fils de Pisistrate qui aspiraient à la tyrannie.

492. — La misère du peuple de Rome, opprimée par les créanciers, amène sa retraite au Mont-sacré, à 3 milles de Rome; elle est suivie de l'établissement de cinq tribuns du peuple, dont le *veto* arrête toute mesure contraire aux intérêts plébéiens.

490. — On donne le nom de *Guerres Persiques* ou *Médiques*, aux guerres que les rois de Perse firent aux Grecs de 500 à 449, — c'est-à-dire l'espace de 51 ans. — Elles eurent pour cause l'ambition de la Perse, et pour résultat le triomphe des Athéniens. — Marathon (490), les Thermopyles (480), Salamine (480), Mycale (479), Platée (479), l'Eurymédon (470), sont les théâtres des batailles mémorables de ces deux peuples.—Miltiade, Léonidas, Thémistocle, Xantippe, Pausanias, Cimon, du côté des Grecs; — Datis, Artapherne, Xercès, du côté des Perses, en sont les héros.

431. — La guerre du Péloponèse qui dura 27 ans, eut pour motif la jalousie réciproque de Sparte et d'Athènes; elle éclate à l'occasion d'une querelle entre Corcyre et Corinthe, sa métropole. La peste enlève Périclès (429), le seul homme qui pût faire triompher les Athéniens. La désastreuse expédition de Sicile leur porte ensuite un coup mortel. Banni comme sacrilége, rappelé par une contre-révolution, puis envoyé une seconde fois en exil, Alcibiade meurt de la main des Perses (404), et le spartiate Lysandre gagne la bataille d'Ægos-Potamos, suivie de la prise d'Athènes (404). Sparte établit partout sa prépondérance au moyen des *Harmostes* ou gouverneurs.

401. — Cyrus-le-Jeune se révolte contre son frère Artaxercès-Mnémon, et, soutenu par des mercenaires grecs, pénètre jusqu'à *Cunaxa*, non loin de Babylone, où il trouve la mort. Les Grecs réduits à dix mille, traversent en vainqueurs, d'abord sous la conduite de Cléarque, ensuite sous celle de Xénophon, leur historien, l'Asie-Mineure, et après avoir fait 1500 lieues, reviennent à *Parthénium*. Six mille passent sous le commandement de Thymbron, général Lacédémonien, pour soustraire les villes grecques de l'Asie-Mineure à la domination perse.

399. — Les Sophistes ou faux sages qui enseignaient que tout vient de la matière, jaloux de la réputation de Socrate, l'accusèrent de corrompre la jeunesse et de mal parler des Dieux. — Mélitus, mauvais poète tragique, était à leur tête. — Le philosophe fut condamné à mourir par la cigüe. — Il était âgé de 70 ans. La date de sa mort devint l'ère de la véritable philosophie, dont la base est la *connaissance de soi-même*. Platon et Xénophon, les deux plus célèbres disciples de Socrate, ont écrit ses entretiens.

390. — Furieux d'une violation du droit des gens, commise par les Romains, les Gaulois Cisalpins, descendants de Bellovèse, commandés par un chef ou *brenn* (Brennus) abandonnent le siége de Clusium, écrasent les Romains sur les bords de l'Allia, entrent dans Rome et assiégent le Capitole, sauvé par Manlius. Un combat acharné s'engage, et les Romains consternés étaient sur le point de payer une rançon, lorsque Camille, nommé dictateur dans l'exil survient, et taille en pièces les Gaulois, qui brûlent la ville en fuyant.

363. — La reprise par Pélopidas de la citadelle de Thèbes ur les Spartiates, commence la fortune de cette ville, qu'Épaminondas porte au plus haut degré de puissance par sa victoire de Leuctres (371), et ses trois invasions dans le Péloponèse. Mais il périt vainqueur à Mantinée, et Thèbes retombe dans l'obscurité. Pélopidas était mort en 365, près de *Cynocéphales*, en Thessalie, en combattant Alexandre, tyran de Phères.

338. — On donne le nom de *Guerres Sacrées* à trois guerres qui eurent pour prétexte ou pour objet la défense du temple d'Apollon, à Delphes. La seconde ouvrit les portes de la Grèce à Philippe II, roi de Macédoine, qui battit les Thébains et les Athéniens à *Chéronée* en Béotie.

336. — Déclaré généralissime des Grecs, Philippe se disposait à marcher contre la Perse, quand il meurt assassiné par Pausanias. Alexandre, son fils, lui succède. Philippe était un des plus grands politiques de son siècle; avec les mines d'or de *Crénides*, en Thrace, il gagnait les orateurs grecs, excepté Démosthène et Phocion; il avait coutume de dire qu'il n'y avait pas de forteresse imprenable avec un mulet chargé d'argent; c'est lui qui créa, sur le modèle du bataillon sacré de Thèbes, l'illustre *phalange* qui valut à la Macédoine tant de capitaines et tant de succès.

334. — Le jeune héros macédonien détruit Thèbes révoltée, se fait nommer généralissime à Corinthe, et part de Pella, en Macédoine, en 334; triomphe des Perses au Granique, tranche le nœud gordien, bat Darius à Issus (333); il soumet l'Asie-Mineure, s'empare de Tyr, de la Palestine, de l'Égypte où il fonde Alexandrie. Vainqueur à Arbelles (331), il prend *Babylone*, *Suze*, *Persépolis*, *Ecbatane*. Le roi de Perse, Darius-Codoman, est tué dans sa fuite par le satrape

Bessus. Alexandre bat les Scythes et Porus (327), s'apprête à franchir l'Hydaspe et veut atteindre le Gange. Mais ses soldats ayant refusé de le suivre, il revient à Babylone et meurt d'intempérance à la suite d'un repas, ou, peut-être, du poison qui aurait été envoyé par Antipater. Il était âgé de 32 ans 8 mois (323).

311. — Ère des Séleucides qui date de la rentrée de Séleucus à Babylone.

301. — Les progrès et l'ambition d'Antigone et de Démétrius Poliorcète, son fils, amènent contre eux une ligue des autres généraux, successeurs d'Alexandre. Antigone perd à Ipsus (301) la couronne et la vie. L'empire d'Alexandre se fractionne en quatre grands états : La Syrie, l'Égypte, la Macédoine, et la Thrace avec l'Asie-Mineure. Ce dernier royaume, fondé par Lysimaque, ne subsiste que jusqu'en 281.

280. — La guerre Tarentine a pour chef *Pyrrhus*, roi d'Épire, qui est appelé par Tarente contre les Romains, et remporte une désastreuse victoire à Héraclée. Après une ambassade de Cynéas près du Sénat, Pyrrhus marche sur Rome. Vainqueur à Asculum (279), il passe en Sicile pour combattre les Carthaginois ; à son retour en Italie, il est défait à Bénévent (275), repasse en Épire et va mourir au siége d'Argos (272). Tarente et la Grande-Grèce se soumettent aux Romains.

264. — La première guerre *punique* éclate entre Rome et Carthage, à propos de la Sicile. Assiégés par les Carthaginois, les Mamertins de Messine appellent les Romains à leur secours. Ceux-ci délivrent la ville, imposent un traité de paix à Hiéron, roi de Syracuse, et s'emparent d'une grande partie de la Sicile. Une flotte romaine bat même la flotte Carthaginoise, et la guerre est portée en Afrique, après la victoire de Régulus près du mont Ecnome (256). Mais ce général est, à son tour, vaincu par le Lacédémonien Xantippe. La guerre est reportée en Sicile. Métellus est vainqueur à Panorme. Hamilcar, père d'Annibal, tient pendant six années, les Romains en échec. Une flotte Carthaginoise est de nouveau battue près des îles Ægades, et un traité de paix donne à Rome la Sicile carthaginoise. — Cette première guerre avait duré 24 ans.

218. — Annibal, fils d'Hamilcar, attaque et prend Sagonte, alliée des Romains (219), franchit les Pyrénées et le Rhône, et traverse les Alpes. Il gagne les batailles du Tésin, de la Trébie, de Trasimène. Fabius *Cunctator* (temporiseur) sauve Rome par sa prudence; mais Varron perd la bataille de Cannes (216). Cependant les délices de Capoue énervent les soldats d'Annibal. Bientôt après la défaite de son frère Asdrubal, sur les bords du Métaure, par les consuls Livius et Néron, il se trouve resserré dans l'Apulie et la Lucanie. Carthage le rappelle pour l'opposer au jeune Scipion qui triomphe à Zama (202) et lui impose une paix désastreuse.

168. — Héritier de la haine de son père, Philippe III, roi de Macédoine, Persée, qui perdit ses alliés par son avarice et ses armées par sa lâcheté, déclare la guerre aux Romains. La victoire de *Pydna* livre à Paul-Emile la Macédoine, et Persée va mourir dans les cachots de Rome.

Le royaume de Macédoine, qui avait duré sept cents ans, et avait, près de cinq cents ans, donné des maîtres, non-seulement à la Grèce mais à tout l'Orient, ne fut plus qu'une *province romaine*.

166. — Les *Machabées*, dont le nom signifie *exterminateurs des ennemis de Dieu*, formaient une famille illustre; on leur donnait aussi le nom d'*Asmonéens*, comme originaires d'*Asmon*, ville de la tribu de Siméon; ils luttèrent avec courage, souvent même avec succès, contre les Syriens, gouvernés par Antiochus Epiphane (174), Antiochus Eupator (164), Démétrius Soter (162-149). Les plus valeureux furent Matathias, qui abattit les autels des idoles et s'enfuit vers les montagnes, asile de la liberté (166), et Judas Machabée, son fils, vainqueur des Syriens pendant cinq ans, et qui, accablé par la multitude, fut tué en combattant avec une valeur étonnante (161). Son frère, Jonathas, succède à sa charge de sacrificateur, et soutient sa réputation. Simon, son frère (144), fait ratifier son élévation par la république romaine et mérite, par ses exploits, que l'autorité devienne héréditaire dans la famille des Machabées (141). *Démétrius Nicator* consent à ce nouvel établissement.

146. — Carthage avait réparé ses forces. Massinissa dirige contre elle plusieurs attaques qu'elle repousse. Caton s'en effraie. Rome alors déclare la guerre aux Carthaginois, comme si les traités avaient été violés (149). Malgré la résistance inouïe des Carthaginois, Scipion-Emilien s'empare de Carthage, qu'il livre aux flammes et au pillage. Le pays devient province romaine.

— Après la ruine des Étoliens et des Macédoniens, les Achéens, réduits à leurs seules forces, osent provoquer les Romains; Mummius les bat à *Leucopétra*, et prend Corinthe, dont il envoie les chefs-d'œuvre à Rome. A cette époque, les Romains ignoraient les arts de la Grèce, et se contentaient de savoir la guerre, la politique et l'agriculture.

133. — Tribunat des deux frères Tibérius et Caïus Gracchus à Rome; ils agitèrent la république par la proposition d'une loi agraire. Tous les deux périrent de mort tragique.

115. — Trois cent mille Cimbres et Teutons envahissent la Gaule et anéantissent six armées romaines. Marius, rappelé d'Afrique, est envoyé en Gaule et fait, aux environs d'*Aix*, un horrible massacre des Teutons. Les Cimbres, à leur tour, sont battus à *Verceil*. Plus de cent-vingt mille

8

barbares sont taillés en pièces, et soixante mille faits prisonniers.

113. — Micipsa, fils de Massinissa, roi de Numidie, avait, en mourant, partagé ses États entre ses deux fils et son neveu, Jugurtha, qui se délivre de ses rivaux. Rome lui déclare la guerre. Calpurnius lui vend la paix (111). Jugurtha, cité à Rome, y corrompt un tribun qui lui défend de répondre. Il fait passer sous le joug l'armée d'Aulus, mais Métellus le bat près du *Mulucha*. Marius, lieutenant de Métellus, achève la guerre, et Jugurtha, livré aux Romains par son gendre Bocchus, va mourir de faim dans les cachots de Rome (104). La Numidie est réduite en province romaine.

90. — Sylla reçoit le commandement de l'armée destinée à agir contre Mithridate, roi de Pont, qui venait de soumettre l'Asie et d'envahir la Grèce, où Athènes s'était donnée à lui (88). Athènes est prise par Sylla, vainqueur à Chéronée, à Orchomène et en Asie. Mithridate demande et obtient la paix (84). Une deuxième guerre contre ce prince éclate en 82; Sylla l'arrête aussitôt. En 74, Mithridate lui-même déclare la guerre aux Romains. Lucullus envahit le Pont, et Mithridate se retire auprès de Tigrane, roi d'Arménie, qu'il entraîne dans sa guerre contre les Romains. Lucullus défait Tigrane à deux reprises (67). Il est remplacé par Pompée, qui détruit, dès la première rencontre, la nouvelle armée de Mithridate, trahi par Pharnace, son fils, allié de Rome. Celui-ci, réfugié dans le Bosphore-Cimmérien, veut entraîner ses soldats en Italie : ne pouvant y réussir, il se fait tuer (63). *L'Asie est soumise.*

88. — Rival de Sylla, Marius est obligé de fuir jusqu'en Afrique. Rappelé par Cinna, il rentre dans Rome, où il ordonne d'horribles massacres. Il meurt, l'année de son septième consulat (86). Cinna est égorgé par ses propres soldats. Le jeune Marius est battu à Sacriport (82), et son allié, Carbon, est défait par Métellus et Pompée. De retour à Rome, Sylla, dictateur, proscrit ses adversaires, abdique (79), et meurt (78).

73. — Les gladiateurs thraces et gaulois se révoltent, sous la conduite de Spartacus, et défont deux consuls. Crassus parvient à les enfermer dans le Brutium; ils lui échappent d'abord, mais ils sont ensuite écrasés sur les bords du Silare (71). Spartacus meurt en héros.

67. — Pompée chargé d'exterminer les pirates, met fin en trois mois à cette guerre et mérite le surnom de Grand. L'année suivante, il s'empare de la Syrie et de la Palestine.

60. — César, romain de la plus illustre origine, forme contre le sénat, avec *Crassus* et *Pompée*, le premier triumvirat. Nommé consul (59), il se fait donner pour cinq ans le gouvernement des Gaules.

58. — Les Helvétiens veulent aller s'établir sur les bords de l'Océan; César les bat sur les bords de la Saône, et les force à rester dans leurs montagnes; puis il rejette au-delà du Rhin le roi suève Arioviste, qui avait envahi la Gaule. Dans la deuxième campagne, il soumet les Belges; dans la troisième, l'Armorique et les Aquitains; dans la quatrième et la cinquième, il passe le Rhin et opère deux descentes en Bretagne. Les soulèvements partiels d'Ambiorix sont suivis d'une révolte générale (52) : le *vercingétorix*, ou chef suprême des Gaulois, est assiégé dans Alésia, et forcé de se rendre. *La Gaule est conquise* (50).

44. — Par la mort de *Crassus*, qui avait entrepris témérairement une guerre contre les *Parthes* (53), la digue qui retenait *Jules César* et Pompée fut rompue; ces deux rivaux, qui avaient entre leurs mains toutes les forces de la République, décidèrent leurs querelles à *Pharsale*, en Thessalie (48), par une bataille sanglante. César, victorieux, parut en un moment en Egypte (48), en Asie (47), en Mauritanie (46), en Espagne (45); vainqueur de tous côtés, il fut reconnu maître (44) à Rome et dans tout l'Empire. *Brutus* et *Cassius* crurent affranchir leurs concitoyens, en le tuant dans le sénat, aux ides de mars (44).

43. — Antoine excite, par son éloquence, le peuple contre les meurtriers de César, et les force à sortir de Rome. Cicéron, qui avait sauvé Rome de la conspiration de *Catilina* (63), flatte Octave, fils adoptif du dictateur, pour s'en faire un instrument contre Antoine, battu dans la guerre de *Modène* (44). Octave, nommé consul malgré Cicéron et le sénat, forme, avec Antoine et Lépide, le deuxième triumvirat, et sacrifie Cicéron à Antoine.

31.—Séduit par l'ambitieuse Cléopâtre, reine d'Egypte, Antoine prend le diadème et le sceptre d'or. Octave lui déclare la guerre, et le défait à la bataille navale d'*Actium*, où Cléopâtre entraîne Antoine dans sa fuite. Son rival le suit en Egypte, et le force à se tuer. Cléopâtre, pour échapper au triomphe, meurt en se faisant piquer par un aspic (30), et *l'Egypte est réduite en province romaine.*

29. — Empereur sous le nom d'Auguste, Octave emploie son règne de 44 ans à organiser sans bruit la monarchie, ferme le temple de Janus, encourage les lettres et les arts, admet à son amitié Virgile et Horace. Il a pour ministre *Mécène*, et Agrippa pour général.

APRÈS JÉSUS-CHRIST.

9 *Après J.-C.* — Trois légions, commandées par Varus, tombent dans une embuscade dressée par les Chérusques, et y périssent. Les Germains avaient pour chef Hermann (Arminius). A la nouvelle de ce désastre, Auguste, troublé, envoie Tibère sur le Rhin, pour couvrir la Gaule.

16. — Tibère succède à Auguste (14). Son neveu, Germanicus, triomphe d'Hermann dans la forêt de Teutobourg, à l'endroit même où Varus avait succombé; il le fait em poisonner, accuse et fait condamner Pison, et meurt lui-même assassiné dans l'ile de Caprée.

C'est sous le règne de Tibère, l'an 33 *que Jésus-Christ fut crucifié.*

43. — Successeur du cruel Caligula, qui n'avait régné que 4 ans, l'imbécile Claude (41) se laisse gouverner par ses femmes, Messaline et Agrippine, et par ses favoris Narcisse et Pallas. Au dehors, cependant, la Mauritanie et la moitié de la Bretagne sont conquises, les Germains et les Parthes contenus.

64. — Néron, successeur de Claude (54), empoisonne Britannicus, tue sa mère Agrippine, fait ouvrir les veines au philosophe Sénèque, son précepteur et son ministre, et oublie toute pudeur, jusqu'à chanter publiquement sur la scène. Il persécute les chrétiens qu'il accuse de l'incendie de Rome, allumé par lui-même (64); s'enfuit lâchement à la nouvelle de la proclamation de Galba comme empereur, et n'échappe que par un suicide à la mort ignominieuse qui l'attendait, en disant: *Le monde perd un grand artiste* (68).

69. — Avec Vespasien, successeur de *Vitellius* le glouton, la famille Flavienne arrive à l'*empire*. Deux guerres duraient encore ; Titus se charge de celle de Judée ; Céréalis va comprimer la révolte du batave Civilis et pacifier la Gaule. Jérusalem est ruinée (70); la dispersion des Juifs commence. *Agricola* soumet la Bretagne (78); Vespasien rétablit les finances par une stricte économie. On lui reproche l'exécution de *Sabinus* et d'*Éponine*. — Il disait : il faut qu'un empereur *meure* debout. — Il eut pour successeurs ses deux fils, *Titus*, les délices du genre humain, et *Domitien*, plus cruel que Néron.

98. — Successeur du sage *Nerva* qui l'avait adopté, Trajan soumet les Daces, l'Arménie, une partie de l'Arabie, et impose aux Parthes un roi de son choix ; mais des soulèvements éclatent, et la mort ne lui laisse pas le temps de les apaiser (117).

161. — Fils adoptif d'Antonin, Marc-Aurèle, surnommé le Philosophe des Princes et le Prince des Philosophes, lui succède avec Vérus, qui meurt en 169. Les Quades et les Marcomans fondent sur l'Italie. Trois fois il les repousse et les poursuit jusque chez eux. Il meurt à Vienne, après avoir sauvé l'empire pour quelque temps.

223. — Artaban IV, dernier Arsacide parthe, est détrôné par le perse Artaxercès I, fondateur du second empire perse ou Sassanide.

241. — Les Francs, association de peuples germains cantonnés entre le Rhin, le Mein et le Wéser, s'accoutument à porter le ravage dans les Gaules. Ils sont battus par Aurélien, alors tribun militaire.

273. — Le chef arabe de Palmyre, Odénat, se constitue le champion de Rome, purge l'Asie des Goths, bat Sapor, roi des Perses, et mérite d'être associé à l'empire par Gallien. Zénobie, sa femme, qui le fait tuer et s'intitule *reine de l'Orient*, nomme ses trois fils Augustes. Mais vaincue dans trois batailles par Aurélien, et prise enfin dans Palmyre, sa capitale, elle achève sa vie à Tibur, près de Rome, après avoir orné le triomphe du vainqueur. Le rhéteur Longin était son conseiller.

303. — Au commencement du 4e siècle, le nombre toujours croissant des ennemis de l'empire romain, force *Dioclétien* à prendre Maximien pour collègue. Les deux Augustes adoptent deux Césars, Constance - Chlore et Galérius. Celui-ci arrache à Dioclétien vieilli l'édit de la 10e et *dernière persécution* contre les chrétiens. C'est ce que l'on nomme l'*ère des martyrs*. Bientôt après, les deux empereurs sont forcés d'abdiquer, et Dioclétien va mourir à Salone (313). C'est sous Maximien que fut massacrée lâchement la *légion thébaine*, composée de chrétiens, ayant à leur tête saint Maurice, à Octodure (Martigny), en Suisse.

325. — Sous Constantin, éclairé par une lumière céleste, le christianisme est déclaré religion de l'Etat (312), aux persécutions succèdent les hérésies. Arius, notamment, combat la Trinité, nie la divinité de J.-C., et se voit enfin condamné par le concile de *Nicée,* en Bythinie, le 19 juin 325. C'est alors que l'Eglise prit le nom de *catholique.*

330. — Il fallait un changement complet dans le gouvernement romain pour achever l'œuvre de *Dioclétien.* Constantin, pour laisser Rome à ses *faux dieux,* et à ses idées de *république* qui survivaient encore, fonda une nouvelle capitale aux portes de l'Orient, berceau du christianisme. Les murs de Byzance, placée sur la mer Noire, furent rebâtis en 10 ans; Constantin en fit la dédicace en 333, lui donna le nom de *Constantinople,* qui eut, comme *Rome,* un sénat, des tribuns, des *curies,* 14 légions, des spectacles, des distributions de blé, et de nombreuses églises.—Ce fut une véritable révolution politique, morale et religieuse.

363. — *Mort de Julien l'Apostat.* Cet empereur, neveu de Constantin-le-Grand, s'était illustré comme guerrier, et comme savant administrateur dans les Gaules ; mais fatigué de jouer un rôle de subalterne, il abjura le christianisme et voulut fonder une nouvelle religion dont il se fit nommer le grand pontife : c'était un mélange de théisme et d'idolâtrie; il persécuta les chrétiens et essaya, contre les prophéties, de rebâtir le Temple.

Trompé dans son espoir, il voulut, comme Alexandre, conquérir toute l'Asie ; il vainquit Sapor II, roi de Perse, à Maranga, en Assyrie; mais dans une seconde rencontre il reçut une blessure mortelle. Il expira, dit-on, en s'écriant : *Tu as vaincu, Galiléen !* Il n'avait que trente deux ans.

364. — *Première division de l'empire*.—Après la mort de Jovien, qui avait succédé à Julien l'Apostat, *Valentinien I*, fut proclamé empereur par le conseil des généraux réuni à *Nicée*, et s'associa son frère Valens, auquel il donna la *préfecture d'Orient*, se réservant celle d'*Occident* qu'il gouverna avec énergie. — Tandis qu'il réprimait les pirateries des *Francs* et des *Saxons*, qu'il chassait les *Quades* et domptait les *Sarmates* (375), — son frère, fougueux arien, persécutait les catholiques, repoussait d'abord les Wisigoths, puis leur accordait des secours en Thrace, à la prière de leur évêque arien, *Ulphilas;* mais, en 377, ces peuples barbares se révoltèrent, marchèrent contre Valens, défirent ses généraux à *Marcianopolis*, en Mœsie et le battirent lui-même à Andrinopolis, en Thrace. Valens fut brûlé dans une cabane de paysan où il s'était réfugié (378).

395.—Valentinien II s'associe Théodose-le-Grand (379), qui expulse les Barbares de la Thrace, force Sapor III à la paix, et fait cesser l'arianisme et l'idolâtrie. Il venge Valentinien II sur son meurtrier, le franc Arbogaste (392). Théodose-le-Grand eut pour principale vertu la clémence dont il fit surtout preuve envers les habitants d'Antioche, en Syrie, qui s'étaient révoltés et avaient traîné ses statues dans la boue (387). Mais on lui reproche, avec *saint Ambroise*, le *massacre de Thessalonique*, en Macédoine (388), dont il se repentit publiquement. La division de l'empire, commencée sous Dioclétien (292), continuée sous Valens et Valentinien (364), et leurs successeurs, se change, à la mort de Théodose (395), en *partage définitif*. Des deux fils de cet empereur, Arcadius et Honorius, l'un obtint l'*empire d'Orient*, et régna à Constantinople, sous la tutelle du goth *Rufin ;* l'autre, l'empire d'Occident, et régna à Rome, sous la tutelle du vandale *Stilicon*.

406. — Les Barbares qui se jetèrent sur l'empire Romain, se divisent en trois grandes races : la race Germanique ou Teutonique ; la race **Slave** ou Sarmate ; la race Scythique. Dans les 5 ou 6 premières années du 5e siècle, les Suèves, les Vandales, les Alains et les Bourguignons, envahissent la Gaule ; ces derniers seuls s'y fixent ; les autres passent en Espagne.

418. — Pharamond, personnage douteux que l'on fait fils de Marcomir, passe le Rhin à la tête des Francs, et s'avance jusqu'à Tongres et à Trèves ; il eut pour successeurs Clodion, Mérovée et Childéric.

449. — Honorius avait abandonné la Bretagne (411); incapables de se défendre contre les Pictes, les Bretons appellent à leur secours les Saxons (448) ; ceux-ci accourent (449) sous la conduite de deux chefs, Hengist et Horsa. Bientôt quatre royaumes sont fondés par les envahisseurs. Les Angles, qui les suivent, en établissent trois autres : c'est l'*Heptarchie*.

452. — Après avoir ravagé l'Orient et rendu Théodose-le-Jeune tributaire, Attila, roi des Huns, surnommé le *Fléau de Dieu*, traverse la Germanie, et pénètre dans les Gaules jusqu'à Orléans, à la tête de 500,000 hommes ; repoussé par les troupes réunies d'Aétius, général romain, de Mérovée, roi des Francs, et de Théodoric, roi des Goths, il est encore battu par eux dans les *Champs catalauniques* (près de Châlons-sur-Marne), où il perd plus du quart de son armée. Il passe avec le reste en Italie (452), ruine Aquilée, épouvante les Vénètes, qui allèrent fonder Venise en réunissant 72 îlots, dont le principal était Rialto, et marche sur Rome. Arrêté par le pape saint Léon, il retourne en *Pannonie*, et y meurt (453).

476. — Oreste, général des armées romaines dans les Gaules, place sur le trône impérial son fils, Romulus-Augustule ; mais son refus de distribuer des terres en Italie aux troupes confédérées, fait éclater une révolte dirigée par Odoacre, roi des Hérules. Oreste est massacré près de Pavie ; Augustule est déposé, et reçoit pour résidence l'ancienne campagne de Lucullus, au promontoire de Misène (476). Plus tard (493), Odoacre est vaincu et tué par Théodoric-le-Grand, qui fonde en Italie le royaume des *Ostrogoths*. C'EST LA FIN DE L'EMPIRE D'OCCIDENT.

MOYEN-AGE.

507. — Dès 428, les Vandales, en Espagne, avaient cédé la place aux Wisigoths, qui bientôt se trouvent maîtres de la Gaule méridionale et de l'Espagne entière, sauf le petit royaume des Suèves au N.-O., dont cependant ils s'emparent en 585.

534. — Bélisaire, général de Justinien, empereur d'Orient, reprend l'*Afrique* aux Vandales et l'*Italie* aux Goths, dont il emmène le roi Vitigès prisonnier à Constantinople (540). Vainqueur de Chosroès, roi de Perse (543), il est rappelé en Italie par les succès de Totila, et reprend Rome sur ce conquérant ; mais le manque de troupes le contraint d'abandonner ses conquêtes. Sur la fin de sa vie, il est accusé de conspiration et disgracié par son maître, qui plus tard lui rend sa faveur. Il meurt en 565.

568. — Narsès, successeur de Bélisaire, s'empare définitivement de l'Italie sur Totila. Mais outragé par l'impératrice Sophie, il appelle les Lombards qui franchissent les Alpes sous la conduite d'Alboin, et fondent au nord de l'Italie un royaume, conquis par Charlemagne en 774.

590. — Grégoire-le-Grand conclut avec les Lombards un traité honorable, s'efforce de les soumettre au christianisme, établit le rite *grégorien*, et envoie Augustin convertir la Grande Bretagne.

613. — Galsuinde, femme de Chilpéric, l'un des quatre fils de Clotaire I, est étranglée à l'instigation de Frédégonde, sa rivale. Brunehaut, reine d'Austrasie et sœur de Galsuinde, jure de venger la victime. De là des empoisonnements, des meurtres et des guerres acharnées, au milieu desquels Frédégonde meurt victorieuse (597), après avoir assuré le trône à son fils, Clotaire II. Celui-ci fait mettre en pièces, par un cheval fougueux, Brunehaut, sa captive, âgée de plus de 80 ans (613).

622. — Né vers 570, *Mahomet* commence sa mission en 610. Il se dit prophète et envoyé de Dieu. Il professe une nouvelle religion qui tient du judaïsme et du christianisme. L'opposition qu'il éprouve dans la Mecque, sa patrie, de la part des Koreichites, l'oblige de s'enfuir à *Iatrippa* (Médine), qui l'accueille avec transport (622). C'est le commencement de l'ère mahométane, appelée *Hégire* (fuite). Il meurt en 632, et ses successeurs, les califes (c'est-à-dire lieutenants) portent au loin leurs conquêtes, et le Koran, ou livre par excellence.

687. — Pépin d'Héristal, duc d'Austrasie, bat à Testry, près de Péronne, Thierry III, roi de Neustrie, et le force à conclure la paix, dite de *Testry*, et à lui donner la mairie du Palais. Dès ce moment, le triomphe de l'Austrasie sur la Neustrie est assuré; et en 752, Pépin-le-Bref monte sur le trône des Francs.

711. — Roderic ou Rodrigue, dernier roi des Wisigoths d'Espagne, avait (710) détrôné Vitiza. Les fils du prince détrôné appellent à leur aide les Arabes, commandés par Tarik. Celui-ci (711) s'empare de Calpé (Gibraltar). Rodrigue marche à sa rencontre avec 90,000 hommes. Les deux armées luttent pendant deux jours, et le troisième jour, Rodrigue vaincu à *Xerès de la Frontera*, se noie dans le *Bétis*.

732. — Maîtres de l'Espagne, les Sarrazins ne tardent pas à envahir la France, sous la conduite du vice-roi Abdérame. Charles-Martel les arrête et les taille en pièces près de Tours et de Narbonne. Ces victoires ont peut-être sauvé l'Europe de l'Islamisme.

768.—Successeur de Pepin-le-Bref, Charlemagne donne son nom à la dynastie carlovingienne. Il détrône Didier dernier roi lombard (784); entreprend contre les Saxons une guerre de plus de trente ans (772-803), dans laquelle ils sont vaincus malgré l'héroïsme de leur chef, Witikind, qui finit par se soumettre et se convertir. Dans l'intervalle de cette grande lutte, Charlemagne franchit les Pyrénées et recule son empire jusqu'à l'Èbre. Au retour, son arrière-garde est taillée en pièces à Roncevaux, où périt son neveu, le paladin Roland (778).

786. — Règne glorieux d'Aaroun-al-Raschid, calife abbasside de Bagdad. Il protége les arts, les sciences, les lettres et entretient des relations amicales avec Charlemagne.

800. — Une révolte contre le pape Léon III, fournit à Charlemagne l'occasion de rendre au Saint-Siége de nouveaux services. Le pape reconnaissant le proclame *Auguste*, c'est-à-dire empereur d'Occident, le jour de Noël de l'an 800, dans l'église des Saints-Apôtres.

827. — Egbert, roi de Wessex, s'était retiré dans sa jeunesse à la cour de Charlemagne, pour éviter les embûches de l'usurpateur Brithric. Après la mort de ce homme (799), il revient dans sa patrie, se fait, de nouveau proclamer roi de Wessex, et, de cette époque à 827, parvient à réunir sous sa puissance tous les états de l'*Heptarchie*.

842. — Charles-le-Chauve et Louis le-Germanique fils de Louis-le-Débonnaire, ligués contre l'ambitieux Lothaire, leur frère aîné, remportent la fameuse victoire de Fontenay (841), où périt presque toute l'ancienne noblesse mérovingienne. Une nouvelle alliance se forme à Strasbourg, entre Charles et Louis (842), et, pour la première fois, on emploie dans le traité le langage populaire de la Gaule et de la Germanie.

877. — C'est du règne de Charles-le-Chauve que datent l'affaiblissement de la race carlovingienne et la puissance de la féodalité, qui, après l'édit de Quierzy-sur-Oise, se constitue définitivement, par l'appropriation *héréditaire* des bénéfices.

911. — Conrad I, duc de Franconie, élu roi de Germanie, fait la guerre à Henri, fils d'Othon duc de Saxe, puis au duc de Bavière, et meurt (918) en combattant les Hongrois. Il désigne lui-même pour son successeur son rival Henri, surnommé l'Oiseleur.

912. — Dès 812 ou 813, Charlemagne avait vu des barques de Normands tenter une descente sur les côtes de France. Sa mort fut comme le signal d'une invasion générale de ces pirates. Enfin, Charles-le-Simple, par le traité de Saint-Clair-sur-Epte, abandonne à leur duc Rollon la Neustrie, qui, depuis cette époque, prit le nom de Normandie.

962. — Othon-le-Grand, élu roi de Germanie en 936, épouse en 951 Adélaïde, veuve de Lothaire, roi des Lombards, et, par suite de ce mariage, prend pied en Italie. Il force Bérenger, marquis d'Ivrée, à se reconnaître son vassal, le dépose ensuite à Milan, et se fait couronner roi d'Italie en 961. Empereur en 962, il soumet la Lombardie entière, et réunit le royaume d'Italie à l'empire d'Allemagne.

987. — Hugues-Capet, chef de la dynastie capétienne, proclamé roi en 987, dans l'Assemblée de Noyon, choisit Paris pour sa résidence, associe son fils Robert à la royauté (988), et se fait livrer, par l'évêque Adalbéron, son compétiteur Charles de Lorraine, oncle du dernier roi (991). Il meurt en 996.

998. — Wladimir, grand prince de Russie, force les

empereurs grecs, Basile II et Constantin VIII, à lui donner leur sœur en mariage. A cette occasion il se fait chrétien, et ordonne que tous ses sujets soient baptisés.

1000. — Par une fausse interprétation de l'Apocalypse, la Chrétienté croit toucher à sa fin. On lègue ses biens aux monastères, on s'entasse dans les couvents, en attendant le jour fatal qui passe comme les autres.

1066. — Alléguant un testament d'Édouard-le-Confesseur, Guillaume-le-Conquérant, duc de Normandie, passe en Angleterre, et triomphe à la bataille d'Hastings (1066) de son compétiteur, le saxon Harold. Il est le chef de la dynastie normande.

1073. — Le moine Hildebrand, devenu pape sous le nom de Grégoire VII, réclame pour la puissance spirituelle le droit d'accorder l'investiture aux évêques, et engage avec l'empereur Henri IV une lutte terrible, connue sous le nom de *Querelle des Investitures.* Henri, excommunié, s'humilie d'abord aux pieds du pontife (1077); mais il se relève bientôt, et lui oppose l'anti-pape Guibert, sous le nom de Clément III. Grégoire VII appelle à son secours le normand Robert Guiscard, duc de Calabre, qui le rétablit sur son siége, mais remplit Rome de sang. Persécuté par ses sujets, Grégoire suit ses libérateurs à leur départ, et meurt, peu après, à Salerne (1085).

1095. — La première croisade est prêchée par un moine, *Pierre l'Ermite,* à son retour d'un pèlerinage en terre sainte, et par le pape Urbain II, aux conciles de Plaisance et de Clermont. Deux armées, conduites, l'une par Pierre l'Ermite, l'autre par Gauthier-sans-Avoir, disparaissent, décimées par les Turcs, dans les plaines de l'Asie-Mineure. Une troisième, plus régulière, commandée par Godefroy de Bouillon, s'empare de Jérusalem (1099). La Palestine est érigée dès-lors en royaume féodal, jusqu'à Guy de Lusignan, détrôné par Saladin (1187).

1108. — On appelle *Communes* les associations formées, au 11e siècle, par les habitants d'une même ville, pour se défendre contre les exactions et les violences des seigneurs féodaux. La première commune est celle du Mans (1070). Louis-le-Gros, voulant ménager à la royauté d'utiles auxiliaires, favorise l'établissement des Communes.

1139. — Le petit pays au nord de Douero et au sud du Minho, prend, à partir du 9e siècle, le nom de comté de *Porto Calle* (d'où Portugal). Alphonse VI de Castille (1095) en investit l'aventurier Henri de Bourgogne, qui l'enlève aux Arabes et le transmet à son fils Alphonse Henriquez. Celui-ci se déclare indépendant, après la victoire d'Ourique (1139).

1140. — Pierre Abailard (1079-1142) ouvrit une école dès l'âge de 22 ans, et attira sur la montagne Sainte-Geneviève, à Paris, jusqu'à 3,000 auditeurs. Mais ayant voulu faire intervenir le raisonnement dans les questions religieuses, il vit ses doctrines condamnées, d'abord au concile de Soissons (1122), puis au concile de Sens (1140), et lutta principalement contre saint Bernard, inflexible représentant de la foi.

1213. — Gengis-Khan, né l'an 1164, d'abord simple chef de horde, agrandit ensuite prodigieusement son faible héritage. Il conquiert le pays des Mongols Naimans, celui des Tartares Oïgours (1209), la Chine septentrionale (1213), la Corée (1219), la Transoxane (1221), le Khoraçan et l'Irak-Adjémy (1222), le Kharism et plusieurs provinces de la Perse orientale ; enfin, le Kandahar et le Moultan (1224). Il meurt en 1227, après avoir partagé ses vastes états entre ses quatre fils.

1214. — Une ligue se forme contre le roi de France Philippe-Auguste, dont la puissance est devenue formidable. On y compte Jean-sans-Terre, l'empereur Othon IV son neveu, les ducs de Saxe, de Lorraine et de Brabant, les comtes de Hollande et de Limbourg, de Flandre et de Boulogne. Philippe gagne sur tous, le 27 juillet 1214, la bataille de Bouvines, qui assure toutes ses conquêtes, et donne à la France une prépondérance marquée.

1282. Mainfroi, tuteur de Conradin, usurpe la couronne des Deux-Siciles sur son pupille (1254). Attaqué au nom du Saint-Siége par Charles d'Anjou, il perd le trône et la vie à Bénévent (1266). Charles déshonore sa seconde victoire (de Tagliacozzo), en faisant décapiter le jeune Conradin, son prisonnier (1268). Les Siciliens irrités entrent dans une vaste conspiration ourdie par Jean de Procida. Le lundi de Pâques (1282), 30 mars, au coup de la cloche des Vêpres, les Français sont massacrés au nombre de 8,000, à Palerme et dans le reste de la Sicile.

1306. — Il serait difficile d'indiquer le premier inventeur de la boussole ; il parait qu'en Chine elle était connue antérieurement au 14e siècle. On en doit le perfectionnement à Flavio Gioja. La première fonderie de canons a lieu en Angleterre (1327) et en France (1338).

1308.— Pendant la période féodale, la Suisse se trouve divisée en une foule de fiefs de tout ordre, dont un grand nombre appartient à la maison d'Autriche-Hapsbourg, lors de l'avènement à l'empire de Rodolphe I (1273). Albert, fils de Rodolphe, tend à soumettre toute l'Helvétie (depuis 1304); mais l'oppression de ses agents, entre autres de Gessler, soulève les trois cantons d'Uri, Schwitz et Unterwald. Alors a lieu le serment du Grutli, entre Stauffacher, Furst et Melchthal ; *Guillaume Tell* tue Gessler, et les trois cantons s'organisent en ligue perpétuelle, noyau de la confédération helvétique.

1310. — Créé en 1310, après la conjuration de Bohémond Tiépolo, par le doge Gradenigo, le Conseil des Dix (à Venise), ne devait exister d'abord qu'un court espace de temps; mais, prorogé d'année en année, il finit par être déclaré perpétuel en 1325. Depuis lors, cette terrible magistrature domine la république de Venise, et ne tombe qu'avec elle.

1312. — Les Templiers formaient un ordre militaire e religieux, fondé vers 1118, à Jérusalem, dans le but de protéger les pèlerins ; ils faisaient les trois vœux de pauvreté, de chasteté, d'obéissance, et ne devaient vivre que d'aumônes ; mais, devenus peu à peu riches et puissants, ils excitèrent l'envie; on les accusait d'orgueil et de vices infâmes. Le roi de France, Philippe-le-Bel, saisit avec habileté ces prétextes, et, le 13 octobre 1307, tous les Templiers furent arrêtés à la fois avec leur grand-maître, *Jacques de Molay*. — On leur fit leur procès, et la plupart furent brûlés vifs en 1314. — C'est en 1312 que le pape Clément VII supprima l'ordre. — On les appelait *Templiers*, parce que Baudouin II, roi de Jérusalem, en 1118, leur avait donné une maison près de l'église, qui était jadis le temple de Salomon.

1328.—A la mort du roi Charles IV le Bel, Édouard III, fit valoir ses droits à la couronne de France, comme petit-fils de Philippe IV le Bel, par sa mère, Isabelle. — Repoussé par les États-Généraux, qui proclamèrent Philippe VI, petit-fils de Philippe III le Hardi, le roi d'Angleterre déclara la guerre à son rival. Cette guerre, qui dura cent ans, de 1337 à 1437, est une des plus désastreuses des annales françaises. — On y voit les funestes journées de *Crécy*, de *Calais*, de *Poitiers*, d'*Azincourt*. — Elle se termina par l'expulsion des Anglais sous Charles VII, qui dut son royaume à Jeanne d'Arc.

1347. — Nicolas Rienzi, fils d'un pauvre cabaretier, proclame à Rome (20 mai 1347) une constitution nouvelle, et reçoit le titre de tribun avec un pouvoir dictatorial. Il veut réunir l'Italie en une seule république, dont Rome sera le centre. S'étant aliéné les esprits, il est massacré dans une révolte (8 octobre 1354).

1355. — Marino Faliero, doge de Venise (1354-1355), furieux contre le patricien Sténo, qui l'avait outragé, et contre le tribunal des Quarante, qui n'avait condamné le coupable qu'à deux mois de prison et un an d'exil, forme, avec des conspirateurs subalternes, une conjuration contre la vie de tous les patriciens. Le complot se découvre par la révélation d'un des conjurés, et le doge est décapité (17 avril 1355), sur l'escalier même du palais ducal.

1370. —Tamerlan, célèbre conquérant mogol, descendant de Gengis-Khan par les femmes, soumet la Khowaresmie, le Kachgar, toute l'Asie à l'est de la mer Caspienne, envahit la Perse et la Russie; il court de là vers l'Inde et s'empare de Delhi, enlève la Syrie au sultan d'Egypte (1400), détruit Bagdad (1401), et fait prisonnier le sultan turc Bajazet, à la sanglante bataille d'Ancyre (1402). Il meurt (1405), au moment de marcher contre la Chine.

1378. — Grand schisme d'Occident; il eut pour cause la translation du saint-siége à Avignon et la double élection des papes Urbain VI et Clément VII. Il dura 72 ans.

1415. — Jean Huss, recteur de l'université de Prague, embrasse les doctrines du réformateur anglais Wicleff. Déclaré hérétique par le concile de Constance (1415), il est brûlé vif, au mépris d'un sauf-conduit qu'il avait obtenu de l'empereur Sigismond. Un an après (1416), dans la même ville, son disciple, Jérôme de Prague, subit le même sort. Les Bohêmes, indignés, prennent les armes sous la conduite de Jean Ziska et de Procope (1419). C'est ce qu'on appelle *guerre des Hussites*. Elle se termine par les *Compactata* de Prague (1433 et 1434), espèce de charte jurée par l'empereur Sigismond, qui est reconnu roi de Bohême.

1420. — L'assassinat de Jean-Sans-Peur, duc de Bourgogne, par les gens du dauphin Charles (depuis Charles VII).

à Montereau (1419), amène l'alliance de Philippe-le-Bon, fils et successeur de Jean, avec Henri V d'Angleterre et Isabeau de Bavière, femme de Charles VI. Les princes ligués font signer à celui-ci le *Traité de Troyes* (1420), qui donnait au roi d'Angleterre, avec la main de Catherine de France fille du roi, la régence et l'héritage présomptif du trône. Le Dauphin en appelle à Dieu et à son épée.

1430. — La France, envahie par les Anglais, est sur le point de succomber ; Orléans assiégé va tomber entre leurs mains. Une jeune bergère de Domrémy, Jeanne d'Arc, obéissant à des visions surnaturelles, réveille l'enthousiasme du parti national, délivre Orléans (1429), fait sacrer Charles VII à Reims (17 juillet 1429), et, prise au siége de Compiègne (1430), meurt sur un bûcher, à Rouen (1431).

1436. — Guttemberg, gentilhomme de Mayence, établi à Strasbourg dès 1424, invente l'imprimerie dans cette dernière ville, en 1436 ou 1440, et se sert d'abord de caractères mobiles en bois.

1452. — Profitant du mécontentement qu'excitait en Angleterre la perte des provinces de France par Henri VI, de la famille des Lancastres, Richard d'York lève contre lui (1450) l'étendard de la révolte. Battu et tué à Wakefield (1460), il est vengé par son fils, qui, grâce à l'appui de Warwick, est proclamé roi sous le nom d'Édouard IV (1461). Ce dernier laisse, en mourant, ses deux jeunes fils sous la tutelle de leur oncle Richard, qui les fait périr dans la Tour de Londres, et usurpe le trône. Mais Henri de Richemond, descendant des Lancastres, l'attaque et le tue à Bosworth (1485), et confond les droits des deux maisons en épousant Elisabeth d'York, fille d'Edouard IV. Cette longue guerre s'appelle *guerre des Deux-Roses*, parce que les deux partis avaient adopté chacun une rose pour signe de ralliement : York une rose blanche, et Lancastre une rose rouge.

1453. — En 1453, Mahomet II, successeur d'Amurat II, s'empare de Constantinople, défendue par Constantin Dracosès, et en fait la capitale de l'empire turc. L'empire romain d'Orient s'écroule : les savants grecs, fuyant la barbarie des vainqueurs, transportent avec eux, en Occident, les trésors littéraires de l'antiquité, dont ils étaient dépositaires, et que l'imprimerie propage. L'Europe est renouvelée, et l'âge moderne commence.

HISTOIRE MODERNE.

1456.— Jean Huniade Corvin, vaïvode de Transylvanie en 1440, régent de Hongrie en 1444, à la mort de Ladislas IV, défendit, pendant plusieurs années, la Hongrie et l'Europe contre la puissance croissante des Turcs. En 1448, il soutint, pendant trois jours, à Cassovie, tout l'effort de l'armée ottomane ; en 1456, sa belle défense de Belgrade, contre Mahomet II, mit le comble à sa gloire. Son fils, Mathias Corvin, marcha sur ses traces, et fut élu roi de Hongrie (1458-1490).

1461. — Louis XI (1461-1483), fils et successeur de Charles VII, dissout la *Ligue du Bien Public*, après la bataille de Montlhéry (1465); soutient les Liégeois révoltés contre Charles-le-Téméraire, duc de Bourgogne, qui le retient captif à Péronne (1468), et ne lui rend la liberté qu'à condition de marcher avec lui contre les rebelles ; fait trancher la tête à Saint-Pol et à d'Armagnac ; s'empare, à la mort du duc de Bourgogne (1477), de la Picardie, de l'Artois, du duché de Bourgogne ; réunit à la couronne la Provence, le Maine, l'Anjou et le comté de Bar, et meurt à Plessis-lès-Tours (1483), laissant le trône à son fils Charles VIII, avec cette maxime : *Qui ne sait dissimuler, ne sait régner*.

1474. — Les deux royaumes d'Aragon et de Castille se trouvent réunis, par suite du mariage de Ferdinand d'Aragon et d'Isabelle de Castille. Mais cette réunion ne fut consommée qu'en 1479, alors que Ferdinand fut devenu roi d'Aragon par la mort de son père Jean II.

1477. — Charles-le-Téméraire, duc de Bourgogne, fils et successeur de Philippe-le-Bon (1467-1477), entra dans la *Ligue du Bien Public*, punit, d'une manière cruelle, les Liégeois et les Gantois soulevés ; lutta sans cesse contre le roi de France, Louis XI, voulut soumettre les Suisses, qui le battirent à Granson et à Morat (1476), et trouva la mort sous les murs de Nancy, qu'il disputait au duc Réné de Lorraine (1477).

1478. — Comme les Médicis mettaient en péril, par leur puissance, la liberté florentine, les Pazzi, seigneurs gibelins, conspirèrent contre eux, tuèrent Julien de Médicis dans la cathédrale même, mais ne purent atteindre Laurent, son frère. Celui-ci garda le pouvoir et fit pendre les conspirateurs. Immédiatement éclate la *guerre des Pazzi*, dans laquelle le pape, Naples et Sienne, attaquent Florence au cri de *guerre à Médicis ! paix à Florence !* Une invasion imprévue des Turcs fit conclure la paix.

1492. — Un navigateur génois, Christophe Colomb, obtient de Ferdinand et d'Isabelle, après huit ans de sollicitations, trois vaisseaux, avec lesquels, au bout de 65 jours de navigation, il découvre l'île de San-Salvador, une des Lucayes ; il découvre ensuite Cuba et Saint-Domingue, et revient en Espagne (mars 1493).

1492. — Boabdil, dernier roi maure de Grenade, se révolte contre son père, Mulei-Hassem (1481), qui en meurt de chagrin. Boabdil, vaincu et fait prisonnier par les troupes réunies de Ferdinand et d'Isabelle, n'obtient la liberté qu'en se reconnaissant vassal du vainqueur. La division s'étant mise parmi les Maures, par suite de ce traité honteux, Ferdinand en profite pour assiéger Grenade, dont il s'empare bientôt (1492), et reçoit à cette occasion le titre de roi catholique. Boabdil, détrôné, passe en Afrique, et se fait tuer en combattant contre le roi de Maroc, en guerre avec le royaume de Fez.

1494. — Jeune et ambitieux, Charles VIII, fils de Louis XI, faisant valoir les droits que les derniers princes de la maison d'Anjou avaient légués à sa famille, s'empare, en cinq mois, du royaume de Naples, et le perd plus vite encore, à la suite d'une ligue formée contre lui par le Pape, Venise, Milan et l'Espagne. Attaqué à son retour, près de Fornoue, par 40,000 confédérés, il les bat avec 9,000 hommes, et rentre dans ses états (1495).

1498. — Vasco de Gama, célèbre navigateur portugais, chargé, en 1497, par le roi Emmanuel, de chercher une route vers l'Inde, en doublant le cap de Bonne-Espérance, découvert par Barthélemy Diaz (1486), réussit pleinement dans sa mission, double le cap en décembre 1497, et jette l'ancre devant Calicut en 1498 (mai).

1509. — La *Réforme*, en *Angleterre*, sous Henri VIII, eut pour cause le refus que fit le pape, Clément VII, d'autoriser le divorce de Henri VIII avec Catherine d'Aragon, dont ce prince voulait épouser le dame d'honneur, Anne de Boulen. La colère du roi retomba sur son ministre, le cardinal Wolsey, qui mourut (1530) lorsqu'on le conduisait à la Tour de Londres, et sur le grand-chancelier, Thomas Morus, qu'il fit décapiter (1532). Henri VIII, malgré la fameuse entrevue du *Camp du Drap d'Or* (1520), se déclara l'allié de Charles-Quint contre François I. Il mourut (1547), laissant trois enfants qui régnèrent après lui : Édouard VI, Marie et Élisabeth.

1513. — Le pontificat de Léon X est remarquable par les évènements contemporains, politiques ou religieux, et par le progrès des arts. Il conclut avec François I (1516 le fameux *Concordat* qui a régi l'Église de France pendant trois siècles, et voit éclater la Réforme de Luther (1517), à l'occasion de la vente des indulgences. Son siècle est celui de l'Arioste, de Machiavel, de Michel-Ange, de Raphaël, etc.

1517. — Le drapeau de la Réforme religieuse est arboré par Zwingle, en Suisse (1516), par Luther, en Allemagne (1517), et par Calvin, en France (1532). Ce dernier se fixe ensuite à Genève, où il fonde le *Calvinisme* (1536).

1519. — A peine empereur, Charles-Quint, déjà roi d'Espagne, est attaqué par François I, son concurrent à l'Empire. Celui-ci est vaincu à Pavie (1525). Emmené captif en Espagne, il ne recouvre sa liberté que par l'onéreux traité de Madrid (1526); deux fois il recommence la guerre, et toujours sans succès. Enfin, un traité définitif est signé à Crespy (1544), et le Milanais est assuré au second fils du roi, le duc d'Orléans. François I meurt trois ans après (1547).

1523. — Gustave Wasa, jeune seigneur suédois, un des six ôtages que le roi de Danemark, Christiern II, s'était fait donner par la Suède en 1508, avant de s'emparer, à main armée, de ce royaume, s'évada en 1519, vécut quelque temps parmi les mineurs Dalécarliens, les souleva, fut proclamé roi de Suède à Stockholm, en 1523, embrassa le protestantisme, et fit déclarer, en 1540, la couronne héréditaire dans sa maison.

1547. — Fiesque, noble génois, conspira contre André Doria, qui exerçait le pouvoir suprême à Gênes. Il s'était déjà rendu maître de la ville, lorsqu'il tomba à la mer en passant sur une planche, et se noya. La conspiration fut étouffée presque aussitôt, et ses complices furent cruellement punis.

1554. — A la mort d'Édouard VI, fils de Henri VIII, le duc de Northumberland fit proclamer la femme d'un de ses fils, Jeanne Gray, arrière-petite-fille de Henri VII. Marie Tudor, fille de Henri VIII et de Catherine d'Aragon, réclama, les armes à la main, contre cette usurpation, vainquit et fit mourir Jeanne Gray, ainsi que son époux Guilfort Dudley, et son beau-père, le duc de Northumberland. Zélée catholique, épouse de Philippe II d'Espagne, Marie, mourut sans enfant en 1558, et sa sœur Élisabeth lui succéda.

1558. — Élisabeth, fille de Henri VIII et d'Anne de Boulen, rétablit la religion anglicane, soutint le prédicateur Jean Knox contre sa rivale, Marie Stuart, reine d'Écosse, qui, plus tard, devenue sa prisonnière mourut sur l'échafaud (1587); détruisit (1588) *l'Invincible Armada* (flotte de Philippe II); favorisa les lettres, et mourut de chagrin d'avoir fait périr son favori, le comte d'Essex (1603). Avec elle s'éteignit la dynastie des *Tudors*.

1571. — Le 7 octobre, Don Juan d'Autriche, commandant les forces réunies de Venise, de l'Espagne et du Pape, anéantit la flotte ottomane, à l'ouest de la ville de Lépante, dans le golfe du même nom, entre les petites îles Cursolaires et la côte. Sélim II y perd deux cents galères et trente mille hommes. Cette victoire arrête les envahissements des Turcs.

1572. — Sous le règne de Charles IX (1560-1574), la France est déchirée par les guerres civiles des Catholiques et des Protestants ou Huguenots. Après l'inutile *colloque de Poissy* (1561), les Protestants prennent les armes et sont battus à Dreux (1562), à Saint-Denis (1567), à Jarnac et à Moncontour (1569). Enfin, la paix est signée à Saint-Germain (1570), et le mariage de la sœur du roi avec un jeune prince protestant, le roi de Navare depuis Henri IV, semble être le gage d'une réconciliation durable, lorsque, dans la nuit de la Saint-Barthélemy (24 août 1572), Charles IX, cédant aux instigations de sa mère, Catherine de Médicis, ordonne le massacre des Protestants, sur tous les points de la France.

1580. — A la mort du cardinal Henri, le roi d'Espagne, Philippe II, fils de Charles-Quint, plaça sur sa tête la couronne de Portugal. Mais, en même temps, il perdait les Pays-Bas. L'arrivée, dans ces provinces, du duc d'Albe 1567) à la place de Marguerite de Parme, l'organisation du *conseil de troubles*, dit *tribunal de sang*, excitèrent un soulèvement général; et Guillaume d'Orange parvint, après une lutte héroïque, à affranchir sa patrie.

1588. — Henri III, frère de Charles IX, roi de Pologne en 1573, roi de France en 1574, trouva la France divisée en trois partis : les *calvinistes* (chefs, Henri de Navarre et le prince de Condé), les *malcontents*, catholiques modérés sous l'influence du duc d'Alençon, frère du roi), et les *catholiques exaltés* (chef, Henri de Guise). Henri III crut faire un acte d'habile politique, en se déclarant le chef de la *Ligue* confédération du parti catholique) ; mais ce ne fut qu'un (vain titre : l'autorité resta au duc de Guise, dont il se débarrassa par un assassinat, aux *États de Blois*, ainsi que de son frère, le cardinal de Lorraine (1588). Un an après (2 août 1589), Henri III fut assassiné lui-même par un fanatique, *Jacques Clément*, instrument des ligueurs.

1589. — Henri de Bourbon, reconnu roi par une partie de l'armée, à la mort de Henri III, est forcé par le duc de Parme, de lever le siége de Paris, gagne, sur Mayenne, les batailles d'Arques (1589) et d'Ivry (1590), acquiert de nombreux partisans après les excès des Seize, abjure le protestantisme à Saint-Denis (1593), fait son entrée à Paris 1594), défait Mayenne à Fontaine-Française (1595), et conclut, avec Philippe II (1598), le traité de Vervins. Il accorde la même année, l'*édit de Nantes* en faveur des Protestants, choisit, pour surintendant des finances, le fidèle Sully, et, à la veille de porter peut-être un coup mortel à la maison d'Autriche, il meurt sous le couteau de Ravaillac (14 mai 1610).

1603. — Jacques I, fils de Marie-Stuart, succéda (1603)

1625) à Elisabeth, morte sans héritier. Quelques membres du parti catholique, en butte aux persécutions de ce prince, formèrent le projet de faire sauter, à l'aide de 36 barils de poudre, la salle de Westminster, et, avec elle, le roi et tout le parlement, à la séance d'ouverture. La conspiration fut découverte, et les conjurés périrent dans les supplices. A cette époque, on voit se dessiner deux partis qui subsistent encore : les *tories*, soutien de la prérogative royale, et les *whigs*, partisans du peuple. Jacques I eut pour successeur Charles I, son fils (1625-1649).

1618. — On appelle guerre de Trente-Ans, la lutte des princes réformés d'Allemagne contre l'empereur et les princes catholiques, de 1618 à 1648. Elle renferme quatre périodes : palatine, danoise, suédoise et française. Elle se termine par le traité de Westphalie (1648), qui fixe l'état politique et religieux de l'Europe.

1640. — A la mort du cardinal Henri (1580), le roi d'Espagne, Philippe II, avait placé sur sa tête la couronne de Portugal. Jean IV, duc de Bragance, de la famille des anciens rois, affranchit son pays du joug espagnol et monte sur le trône.

1643. — La minorité de Louis XIV, sous la régence de sa mère, Anne d'Autriche, et du cardinal Mazarin, est agitée par les troubles de la Fronde et par des guerres avec l'empire et l'Espagne, terminées par la paix de Munster (1648), et celle des Pyrénées (1659). Par ce dernier traité, Louis XIV épouse l'infante Marie-Thérèse, il règne par lui-même après la mort de Mazarin (1661).

1647. — Masaniello, pêcheur de Naples, se met, en 647, à la tête du peuple insurgé contre les receveurs des impôts, et reste maître de Naples pendant sept jours. Des émissaires du vice-roi l'assassinent dans un mouvement populaire.

1648. — On désigne sous le nom collectif de traité

de Westphalie deux traités signés, l'un à Osnabrück (6 août 1648), entre l'empereur Ferdinand III et la Suède; l'autre à Munster (8 septembre), entre l'empereur et la France. Tous deux mettent fin à la guerre de Trente-Ans.

1649. — Vaincu à Naseby (1645), par les troupes du parlement, et livré par les Écossais aux révoltés, le roi d'Angleterre, Charles I, est condamné à mort et exécuté Olivier Cromwell se fait nommer Protecteur.

1672. — Jean de Witt, grand pensionnaire *(principal chargé d'affaires)* de Hollande, adversaire constant de la maison d'Orange qu'il fait écarter du gouvernement par un *édit perpétuel*, s'allie, en 1670, à l'empereur et à l'Espagne contre l'ambition de la France; mais la brusque invasion de 1672, qui rend Louis XIV maître de la Hollande en trois mois, attire à de Witt la haine de la populace. Dans une émeute suscitée par les Orangistes, de Witt et son frère Corneille sont mis en pièces, et leurs cadavres traînés dans les rues, puis suspendus à un gibet.

1683.—Jean III (Sobieski), roi de Pologne (1674-1696), tenta de relever sa patrie, et délivra Vienne assiégée par Kara-Moustapha (1683). Mal secondé par l'Autriche dans sa guerre contre les Turcs, il fut obligé de signer le traité de Moscou (1686), et mourut (1696), désespérant de l'avenir de son pays.

1685. — En 1598, Henri IV avait donné, à Nantes, un *édit* qui accordait aux Protestants la tolérance de leur culte, et quelques places de sûreté telles que la Rochelle. Louis XIV, en 1685, révoqua cet édit, sans doute pour imposer à la fois l'unité religieuse et politique à son royaume. — Cette révocation priva la France du Midi d'un grand nombre de familles industrieuses, qui portèrent en Allemagne, et en Angleterre surtout, leurs richesses et leur commerce.

1688. — Accusé de partialité pour le catholicisme,

Jacques II mécontente les Anglais, et se voit bientôt détrôné par son gendre, Guillaume d'Orange, stathouder de Hollande.

1695. — Pierre-le-Grand, empereur de Russie (1682-1725), fonde Saint-Pétersbourg (1703), triomphe de Charles XII à Pultava (1709), s'empare de la Finlande (1713), et jette les fondements de la puissance moscovite.

1700. — La guerre de la succession d'Espagne est suscitée par les prétentions de la maison d'Autriche sur la couronne d'Espagne, léguée par Charles II à Philippe d'Anjou, petit-fils de Louis XIV. Les Français, vaincus d'abord, se relèvent ensuite, notamment par la victoire de Denain (1712), et Philippe V est reconnu roi d'Espagne, après les traités d'Utrecht et de Radstadt (1713-14).

1740. — A la mort de son père (l'empereur Charles VI), Marie-Thérèse se voit disputer la couronne impériale par plusieurs prétendants, entre autres Charles-Albert, électeur de Bavière, qui, soutenu par la France, est élu sous le nom de Charles VII. La mort de celui-ci (1745) sauve Marie-Thérèse. François I, son époux, d'abord duc de Lorraine, puis grand-duc de Toscane, est élevé au trône impérial.

1756.— La guerre de Sept-Ans (1756-1763) a pour cause la jalousie de l'Autriche contre la Prusse. Malgré son génie et ses victoires, le roi de Prusse, Frédéric-le-Grand est sur le point de succomber (1762), quand son ennemie, Elisabeth, est remplacée sur le trône de Russie, par Pierre III, qui se déclare en sa faveur. Les traités de Paris et d'Aubertsbourg mettent fin à cette guerre. Frédéric garde la Silésie.

1762. — Catherine II, la Grande, successeur de son époux, Pierre III, qu'elle fit déposer, enleva la Crimée aux Turcs; organisa, de concert avec l'Autriche et la Prusse, les trois démembrements de la Pologne (1772, 1793, 1795);

encouragea les lettres et les arts, correspondit avec Voltaire et d'Alembert, accueillit Diderot, et reçut le surnom de *Sémiramis du Nord*. Elle mourut en 1796, et eut pour successeur son fils, Paul I.

1772. — Gustave III, roi de Suède (1771-1792), affecte d'abord des goûts studieux et sédentaires; puis, une fois sûr de l'armée, il force les nobles d'accepter la Constitution de 1772, parle en maître au sénat, et le supprime dans la diète de 1788. Plus tard (1792), il est assassiné dans un bal masqué, au moment de prendre les armes en faveur de Louis XVI

1783. — En 1765, des impôts onéreux soulèvent les colonies anglaises d'Amérique contre leur métropole. Boston (1773) donne le signal de la révolte. Les Anglais sont défaits à Bunkers-Hill (1775). Un congrès donne à Washington le commandement suprême de l'armée américaine. Le 4 juillet 1776, les treize colonies se déclarent indépendantes. La France s'allie avec elles (1778). Enfin, la capitulation de Cornwallis (1781) force l'Angleterre à reconnaître l'indépendance des États-Unis (3 sept. 1783).

1789. — L'embarras des finances amène, sous Louis XVI, la convocation des États-Généraux (5 mai 1789). Ils se déclarent Assemblée nationale, et le serment du *Jeu de Paume* (20 juin) donne le signal de la Révolution française.

1792. — Dès sa première séance (21 septembre), la Convention abolit la royauté et commence à dater ses actes de l'an Ier de la République française. Le 7 novembre, elle décide que Louis XVI sera jugé par elle. La veille, Dumouriez gagne la bataille de Jemmapes. La République triomphe au dedans et au dehors.

1793. — Louis XVI monte sur l'échafaud le 21 janvier. Toutes nos frontières sont menacées. La Bretagne et la Vendée s'insurgent. La Convention décrète 14 armées.

1796. — Nommé général en chef de l'armée d'Italie, Bonaparte triomphe à Montenotte, Millesimo, Mondovi, Arcole, et couronne toutes ses victoires par le brillant traité de Campo-Formio (17 octobre 1797) entre la France et l'Autriche.

1798. — Il part pour l'Egypte, s'empare de Malte, triomphe aux Pyramides, lève le siége de Saint-Jean-d'Acre (1799), gagne la bataille d'Aboukir sur les Turcs, et revient en France renverser le Directoire (9 novembre, 18 brumaire). Il est nommé consul avec Sieyès et Roger-Ducos.

1798. — Elu chef par les Nègres révoltés de Saint-Domingue, Toussaint-Louverture expulse à la fois les Anglais, les Français et les Espagnols. Vaincu et fait prisonnier par le général français Leclerc, il est envoyé en France, où il meurt en 1803, au fort de Joux (département du Doubs).

1804. — Après la brillante campagne d'Italie et l'heureuse guerre d'Allemagne en 1800, Bonaparte est nommé successivement *Consul* à vie, le 2 août 1802, et *Empereur* le 18 mai 1804, sous le nom de *Napoléon I.*

1808. — Le roi d'Espagne, Charles IV, et ses fils, prennent Napoléon pour arbitre de leurs querelles, abdiquent et restent prisonniers. Napoléon déclare son frère Joseph roi d'Espagne. Les Espagnols résistent avec l'aide des Anglais, et, cent fois vaincus, finissent par triompher (1813).

1814. — Après la désastreuse expédition de Russie, la France est envahie à son tour. Napoléon abdique à Fontainebleau (1814), et reçoit la souveraineté de l'île d'Elbe.

1815. — En 1815, il reparaît en France; vaincu à Waterloo, il est détenu à Sainte-Hélène par le gouvernement anglais, et y meurt en 1821 (5 mai). Louis XVIII s'affermit sur le trône, grâce à la charte.

1828. — En 1821, la Grèce se soulève contre la Turquie. Il s'ensuit une guerre acharnée de neuf ans. Vaincus à Navarin (1827), par les flottes combinées de la France de l'Angleterre et de la Russie, les Turcs sont contraints de reconnaître l'indépendance hellénique. A la suite d'une nouvelle guerre avec la Russie, la Valachie, la Moldavie, la Servie, deviennent, par le traité d'Andrinople (1829), libres, sauf tribut, sous la garantie russe.

1830. — L'armée française s'empare d'Alger. Les ordonnances de Juillet paraissent, le peuple se soulève, Charles X est renversé. Louis-Philippe d'Orléans est élu roi des Français (9 août).

1830. — Une insurrection éclate à Varsovie, le 29 novembre 1830. Les Polonais luttent pendant neuf mois contre les Russes, dont le général, Paskewitch, s'empare de Varsovie (3 septembre 1831). La Pologne retombe encore une fois sous la domination de la Russie.

1831. — A la suite des troubles survenus dans les états de l'Église, les Autrichiens étaient rentrés sur le territoire pontifical. Résolu de faire respecter le principe de la non-intervention, Casimir Périer, ministre de Louis-Philippe, envoie une flotille dans l'Adriatique, et les troupes de débarquement s'emparent d'Ancône, rendu plus tard au pape, en 1837.

1833. — Don Pédro, empereur du Brésil, chasse son frère, l'usurpateur Don Miguel, et rend la couronne de Portugal à sa fille, Dona Maria.

1834. — Ferdinand VII, mort en 1833, abolit, par son testament, la loi salique, et lègue la couronne d'Espagne à sa fille, l'infante Isabelle, sous la tutelle de Marie-Christine, reine-mère, qui, après une longue guerre civile, finit par triompher de don Carlos, frère de Ferdinand.

1836. — Après une première expédition dans laquel le maréchal Clausel échoue complètement (1836), Cons tine tombe entre nos mains, après un siége meurtrier, où périt le général en chef, Damrémont (1837).

1838. — Par suite de différends avec le Mexique, les Français commandés par l'amiral Baudin, s'emparent du fort de Saint-Jean-d'Ulloa, après quelques heures de canonnade.

1839. — Le sultan Mahmoud cherche à introduire en Turquie la civilisation européenne. Il meurt, après avoir vu le pacha d'Égypte, Méhémet-Ali, se rendre indépendant. Son fils, Abdul-Medjid, lui succède.

1839. — Les libéraux de Zurich, voyant renaître le sentiment religieux, cherchent à le battre en brèche, en appelant le professeur Strauss ; mais le peuple le chasse et renverse le gouvernement.

1840. — Guerre civile entre les constitutionnels et les chartistes, en Portugal. Les constitutionnels modérés l'emportent, et le trône de Dona Maria finit par se consolider.

1840. — Débarrassée de ses ennemis, la reine Christine (Espagne) se trouve dans une position difficile avec ses amis. Espartero, vainqueur des carlistes, devient bientôt le véritable maitre. Elle abdique alors, et se rend en Italie, puis en France.

1840. — Les restes de Napoléon, transportés de Sainte-Hélène en France, sont déposés solennellement aux Invalides (15 décembre).

1842. — Le 13 juillet, le duc d'Orléans, fils ainé de Louis-Philippe, périt d'une manière déplorable, près du château de Neuilly, renversé de voiture par ses chevaux emportés.

1843. — Le 16 mai, le duc d'Aumale surprend Abd-el-Kader et disperse sa *Smala*, au brillant combat de Taguin.

1844. — Le président de la république d'Haïti, Boyer, accusé de tyrannie, est expulsé. Après lui viennent Hérard,

Guerrier (1844), Pierrot (1845), Riché (1846), et Soulouque (1847), empereur en 1849, sous le nom de *Faustin Ier*.

1844. — Le bombardement de Tanger (6 août) punit le Maroc de l'appui qu'il prête à Abd-el-Kader.

1844. — La victoire de l'Isly, remportée par le maréchal Bugeaud (14 août), et la prise de Mogador par le prince de Joinville (même jour), amènent la signature de la paix avec l'empereur de Maroc (10 septembre).

1845. — Lucerne est envahie (1er avril) par un corps armé sous les ordres d'Ochsenbein ; le parti démocratique triomphe à Genève (8 octobre 1846), le gouvernement est renversé, et une constitution démocratique est également substituée à l'ancienne.

1846. — Pie IX succède à Grégoire XVI, et entre dans la voie des réformes.

1848. — Abd-el-Kader, sans ressource et poursuivi par le Maroc, se rend au général Lamoricière. Il est transféré en France, au château d'Amboise, et rendu à la liberté en 1852 par le prince Louis-Napoléon, alors Président.

1848. — L'agitation des banquets réformistes amène, le 22 février, une collision d'où naît la seconde *République française*. Louis-Philippe est détrôné, il se retire en Angleterre, et meurt à Claremont (26 août 1850). Le mouvement révolutionnaire se propage en Prusse, en Lombardie, en Autriche, à Naples, à Rome, où le pape Pie IX est détrôné, puis rétabli par l'armée française. La Hongrie révoltée (1848-1849) faillit se séparer de l'Autriche, et ne peut être comprimée qu'avec le secours de la Russie. — En France la terrible insurrection de Juin 1848 est étouffée par le général Cavaignac ; Louis-Napoléon Bonaparte (10 décembre même année) est élu président de la République Française. il est réélu, le 21 décembre 1851, par sept millions et demi de suffrages, et proclamé empereur le 2 décembre 1852.

1848. — Par suite de la révolution de Paris, des mouvements insurrectionnels éclatent en Allemagne. Le 19 mars, une émeute sérieuse a lieu à Berlin; le 13 du même mois, Vienne était agitée par des troubles populaires; le 25 avril, l'empereur d'Autriche avait concédé une constitution libérale, mais ce n'était pas assez pour les agitateurs; le 15 mai, une insurrection de plusieurs jours ensanglante Vienne, l'empereur quitte sa capitale, se retire en Tyrol et y séjourne plusieurs mois; à son retour, il abdique en faveur de son neveu François-Joseph, âgé de dix-huit ans. Le prince de Metternich résigne toutes ses fonctions et rentre dans la vie privée.

— Le roi de Bavière, Louis I, abdique en faveur de son fils Maximilien I.

— Cette année se termine par une révolution à Rome; le pape Pie IX, obligé de fuir, se retire à Gaëte, auprès du roi de Naples.

1849.—Le 23 mars a lieu la bataille de Novare, perdue par les Piémontais contre les Autrichiens. La Lombardie s'étant soulevé en 1848, avait chassé le vice-roi Reynier, et appelé à son secours *Charles-Albert*, roi de Sardaigne; ce prince courageux répond à l'appel, et, à la tête de ses soldats marche contre les armées autrichiennes commandées par le maréchal Radetzki; après des alternatives de victoires et de défaites eut lieu la bataille de Novare, que perdit Charles-Albert, malgré son courage héroïque et celui de ses deux fils. Désespérant d'arriver au but qu'il s'était proposé, il abdiqua sur le champ de bataille et se retira au couvent d'Oporto, où il mourut la même année.

— Les Hongrois s'étaient soulevés contre la domination autrichienne et avaient, pendant plusieurs mois, lutté contre l'empereur; les secours de la Russie aidèrent à comprimer la révolte et, en juillet, le général Georgey commandant l'armée hongroise fait sa soumission.

1851. — Les troupes françaises en Algérie soumettent les tribus de la grande Kabylie. — La même année, une escadre française bombarde Salé.

1852. — Le deuxième empire est proclamé en la personne de Napoléon III.

1853. — La guerre est déclarée entre la Russie et la Turquie; l'Angleterre et la France soutiennent cette dernière, et le 14 septembre 2 frégates anglaises et 2 frégates françaises franchissent les Dardanelles.

1854.— La guerre d'Orient continue, Odessa est bombardée par les escadres française et anglaise, une seconde flotte alliée va opérer dans la Baltique ; elle bombarde le fort de Bomarsund.

L'armée alliée débarque en Crimée en septembre et gagne la bataille de l'Alma, le 20 du même mois. — Le 25, victoire de Balaclava; le 6 novembre, victoire d'Inkermann.

— La tranchée de Sébastopol est ouverte le 9 octobre, le feu commence le 17, et la ville est prise le 8 septembre 1855, après avoir été bombardée et canonnée pendant 322 jours.

Cette victoire définitive des Français, des Anglais, des Turcs et des Sardes réunis, amène le traité de Paris, signé a Paris le 30 mars 1856.

(Voir, page 455, la suite des principaux événements chronologiques).

EXERCICES

Sur les principaux évènements de l'histoire.

Cette petite histoire générale sera apprise par cœur. On aura soin de faire rapporter chaque fait à l'échelle des peuples, aux Vicissitudes, et aux deux tableaux séculaires des évènements et des grands hommes.

EXEMPLES DE QUESTIONS

Que vous rappelle la date de 1066 ?
A quelle histoire se rapporte ce fait?
Quel est le fondateur des Anglais?
Quelles sont les familles qui ont gouverné l'Angleterre?
Où se trouve l'Angleterre?
Dites ses villes principales?
Quels sont les grands hommes du 11e siècle?

Cinquième Partie.

COUP D'ŒIL

SUR

L'HISTOIRE DE FRANCE.

CHRONOLOGIE DES ROIS ET DES FAMILLES. — GÉOGRAPHIE HISTORIQUE ET POLITIQUE.

Les Français, mélange de Celtes, Gaulois, Romains, Bourguignons, Francs, Visigoths, eurent d'abord des chefs dont l'histoire est presque inconnue : Pharamond, Clodion Mérovée, le plus remarquable par sa victoire sur Attila, roi des Huns, près de Châlons-sur-Marne (451), et Childéric ; mais on ne reconnait pour fondateur de leur monarchie que Clovis I (481), qui mit fin à la puissance romaine dans les Gaules par sa victoire de Soissons (486) ; il devint alors maître de tout le pays, à l'exception de ce que les Bourguignons occupaient à l'Est, et les Visigoths au Sud.

Nous diviserons l'histoire de France en deux grandes races : 1° la *race conquérante ;* 2° la *race nationale.*

La race conquérante, c'est-à-dire la race des chefs des Francs qui soumirent la Gaule, se divise en deux parties : 1° la race conquérante des *Méro-Wings,* ou *Mérovingiens ;*

2° la race conquérante des *Karolins*, ou *Carlovingiens*.

La race nationale, c'est-à-dire la race des rois français placée sur le trône par le choix de la nation, est appelée *dynastie des Capétiens*.

RACE CONQUÉRANTE.

MÉROVINGIENS.

Sous les *Mérovingiens*, on remarque, sous dix-huit rois, et pendant près de trois siècles, de 481 à 752, quatre évènements principaux :

1° L'*établissement du christianisme* en France sous Clovis, après la victoire de Tolbiac (496).

2° L'*usage des partages* de la monarchie entre les enfants des souverains, partages naturels qui furent cependant une source de discordes entre les frères et de malheurs pour les peuples. Mais ces démembrements n'avaient pas alors le caractère d'actes politiques ; car ils ne se faisaient absolument qu'à l'égard de propriétés personnelles, mobilières et immobilières. Trois fois ils eurent lieu : à la mort de Clovis (511), en quatre royaumes, d'*Orléans*, de *Paris*, de *Soissons* et de *Metz*; à la mort de Clotaire I (561), encore en quatre royaumes ; en *Austrasie* et en *Neustrie* à la mort de Dagobert, en 638.

Les Francs orientaux, ou *Austrasiens*, étaient appelés les *Ripuaires*, parce qu'ils étaient établis sur les rives de la Meuse et du Rhin.

Les Francs saliens ou *occidentaux*, étaient appelés *Saliens*, peut-être parce qu'ils venaient des bords de la rivière Sala ou Ysala. Les *Ripuaires* et les *Saliens*, quoique ayant la même origine, ne se confondaient pas ; ils étaient même rivaux, et cette rivalité produisit des guerres civiles qui se prolongèrent durant tout le 7e siècle. Et enfin, au commencement du 8e, la réaction s'accomplit par un changement de dynastie qui transporta la domination des Saliens aux Ripuaires, la royauté des Mérovingiens aux Carlovingiens, et le siége de la royauté franke des bords de la Seine aux bords du Rhin.

3° *La puissance des Maires du palais* depuis 614, causée par la faiblesse des rois dits *fainéants* (656) : ces seigneurs ou ministres envahissent l'autorité royale (987).

4° Les victoires de Charles-Martel, duc d'Austrasie, à Narbonne et à Poitiers sur les Maures ou Arabes, qui s'étaient avancés jusqu'à Tours, espérant conquérir la France (732).

Charles bat une seconde fois les Sarrazins près de Narbonne et on délivre pour jamais la France (737). Le roi franck Thierry II, meurt, et Charles gouverne seul pendant cinq ans, sous le titre de duc des Francs et des Austrasiens; cet interrègne (de 737 à 742), était un acheminement vers la chute des Francs-Saliens.

CARLOVINGIENS.

On remarque, sous quatorze rois, et pendant plus de deux siècles, de 752 à 987 :

1° Le règne de Pépin (752-768), qui fit reconnaître sa royauté par les *leudes* ou seigneurs, et par l'Église romaine; celle-ci sanctionna son élévation au nom de la religion qui avait sanctionné celle de Clovis. C'est ainsi que cette seconde race porte un double caractère : celui d'une révolution religieuse et celui d'une révolution politique.

2° Le règne célèbre de *Charlemagne* (768-814), fils de *Pépin-le-Bref :* politique, législateur, guerrier, protecteur des lettres, il réunit presque toute l'Europe sous ses lois. Il est couronné empereur d'Occident en 800 par le pape Léon III; mais ses descendants ne furent pas dignes de lui.

3° L'établissement de la féodalité sous Charles-le-Chauve : l'hérédité des fiefs, sanctionnée par le traité d'*Andelot* (Haute-Marne), en 587, le fut de nouveau par l'édit de *Kierzy-sur-Oise* en 877 ; la féodalité éleva tellement la puissance des seigneurs qu'ils suivirent l'exemple des maires du palais : ils s'assirent sur le trône de leurs rois (987).

4° La perte de l'Allemagne, sous Charles-le-Simple (911). Le traité de Verdun, signé en 843, par les fils de Louis-le-Débonnaire, avait donné naissance au royaume de Germanie, qui reconnut pour roi Louis-le-Germanique, ainsi que ceux d'*Alemanie* et de *Bavière*, qui, peu après, se fondirent avec le précédent, sous ce nom commun d'Allemagne. Définitivement séparée de la France et de l'Italie, après la déposition de Charles-le-Gros, en 887, l'Allemagne fut gouvernée par les princes carlovingiens, *Arnoul de Carinthie* et *Louis IV*, dit l'Enfant, jusqu'en 911, où l'empire devint électif.

5° L'établissement des *Normands*, ou peuples du Nord, dans la Neustrie normande, sous le faible Charles-le-Simple (911). Depuis longtemps ces *Scandinaves* ravageaient la France ; au lieu de les combattre, on achetait leur retraite ; ils devinrent audacieux, et *Rollon*, leur chef, se fit donner la province française, devenue depuis la Normandie, à la paix de St-Clair-sur-Epte, en 911, avec la main de Gisèle, fille du roi de France.

6° L'autorité royale est abaissée, anéantie, et *Hugues-Capet*, un des vassaux les plus puissants, monte sur le trône en 987. Mais ce n'est pas seulement d'un côté la puissance des seigneurs, de l'autre la faiblesse des rois, qui causèrent la chute des Carlovingiens ; une révolution nationale s'était opérée peu à peu dans le langage et les mœurs des Francs. Au 9° siècle, la langue romane, parlée par le peuple, devint un lien national ; la dynastie franke, qui avait conservé la langue tudesque, fut regardée comme étrangère. Les nouveaux Français établis sur les bords de la Seine, démembrement de l'empire d'Occident (843), levèrent la tête, et dès-lors il y eut rivalité entre ces nationaux et les Carlovingiens. *Eudes* et *Raoul* furent proclamés *rois*, et bientôt la royauté de la conquête fit place à la royauté de la nation. C'est de cette troisième révolution que date véritablement le commencement de la *monarchie française.*

RACE NATIONALE.

CAPÉTIENS.

La *race nationale* se divise en trois parties : 1° les *Capets*, 2° les *Valois*, 3° les *Bourbons ;* elle comprend trente-sept rois, et dure depuis plus de huit siècles et demi.

Sous les CAPETS, nous remarquons :

1° L'*établissement des Communes*, association des habitants d'une même ville, sous le nom de *Communiers*. De là, l'introduction d'un élément nouveau dans la société féodale, *la Bourgeoisie*. Ce fut l'affranchissement du peuple, esclave jusqu'à cette époque ; il put dès lors se défendre contre la *tyrannie féodale*, dont cette institution diminue l'oppression sous Louis VI le Gros (1108).

2° Les *croisades*, ou expéditions religieuses pour aller délivrer le tombeau de J.-C., qui se trouvait au pouvoir des Turcs. Elles hâtèrent les progrès des arts et de la civilisation en Europe, donnèrent une nouvelle impulsion au commerce et à la navigation, diminuèrent la puissance toujours croissante des seigneurs ; mais aussi elles occasionnèrent de grandes pertes d'hommes et d'argent. Elles commencèrent sous Philippe Ier (1095), et finirent sous Louis IX (1270), qui mourut de la peste à Tunis. On peut en compter huit :

La première eut lieu de 1095 à 1100, sous le pontificat

d'Urbain II. Elle fut prêchée par Pierre l'Ermite, et eut pour chef Godefroy de Bouillon. Le fait le plus important est la prise de Jérusalem, en 1099.

La deuxième, de 1147 à 1149, sous le pontificat d'Eugène III ; prêchée par saint Bernard, elle eut pour chefs Louis VII, roi de France, et Conrad, empereur d'Allemagne. Elle n'eut aucun succès.

La troisième, de 1189 à 1193, sous le pontificat de Clément III ; prêchée par Guillaume, archevêque de Tyr. Elle eut trois chefs : Philippe-Auguste, roi de France ; Frédéric Barberousse, empereur d'Allemagne ; et Richard Cœur-de-Lion, roi d'Angleterre. Elle n'eut aucun succès, malgré le brillant courage de Richard, Frédéric se noya dans le Cydnus (Asie-Mineure).

La quatrième, de 1202 à 1204, sous le pontificat de Innocent III ; fut prêchée par Foulques de Neuilly. Elle eut pour chefs Baudouin IX, comte de Flandre ; Boniface II, marquis de Montferrat ; et le doge Dandolo, septuagénaire et aveugle. On prit Constantinople, et Baudouin IX, comte de Flandre, eut le titre d'empereur (1204).

La cinquième, sous le pontificat d'Honorius III, en 1217 ; eut pour chefs Jean de Brienne, roi titulaire de Jérusalem, et André II, roi de Hongrie. Jean prit la ville de Damiette.

La sixième, de 1228 à 1229, sous Grégoire IX, eut pour chef Frédéric II, empereur d'Allemagne. Le sultan Mélédin lui céda Jérusalem.

La septième, de 1248 à 1254, sous Innocent IV, eut pour chef saint Louis. Il prit Damiette, livra la bataille de La Massoure (1250) ; mais il fut fait prisonnier et resta captif jusqu'à ce qu'il payât sa rançon (1254).

La huitième, de 1268 à 1270, sous Clément IV. — Saint Louis était accompagné de son frère Charles d'Anjou et du roi d'Angleterre, Édouard Ier. Le roi de France mourut de la peste sous les murs de Tunis.

3° Les *conquêtes de Philippe-Auguste,* qui battit les Anglais et les Allemands à *Bouvines,* en 1214, et réunit à la couronne la Normandie, l'Anjou, le Maine, la Touraine. Il centralise la monarchie féodale, et mérite le surnom de second fondateur des Français.

4° *La croisade des Albigeois* (de 1209 à 1229), entreprise par Innocent III et Louis VIII. Le midi de la France travaillait à se former une nationalité par une croyance et un culte distincts ; leur hérésie est étouffée, et ils rentrent dans le système politique, social et religieux du Nord, malgré les efforts de Raymond VII, comte de Toulouse, par le traité de Meaux, ratifié à Paris (1229).

5° Les *Établissements* ou législation de saint Louis, qui lui-même rendait la justice à ses sujets, assis au pied d'un chêne, au bois de Vincennes.

6° La *convocation des états-généraux,* composés du clergé de la noblesse et de la bourgeoisie, sous Philippe IV le Bel (1302). Les bourgeois étaient appelés *tiers-état.* Ils affermirent l'autorité du roi et affaiblirent celle des seigneurs.

La bourgeoisie s'associe bientôt à l'autorité du pouvoir royal pour régler les graves intérêts de l'indépendance nationale et de l'ordre intérieur; elle tend à devenir la classe unique, abaissant à sa condition ce qui est au-dessus d'elle, élevant jusqu'à elle tout ce qui est au-dessous. Elle profite de la ruine des *Communes* trop égoïstes pour avoir de la durée.

7° L'article de la *loi salique* qui exclut les femmes de l'héritage de la terre de conquête ; il est regardé comme loi fondamentale de l'État, par deux décisions mémorables : 1° à la mort de Jean Ier, en faveur de Philippe V, dit *le Long,* contre Jeanne de Navarre, fille de Louis X (1316) ; 2° à la mort de Charles IV, dit *le Bel,* en faveur de Philippe de Valois, contre Édouard III, roi d'Angleterre (1328).

La royauté, par cette double application de la loi salique, établit la règle fondamentale de l'hérédité masculine; elle se soustrait au régime des fiefs, et assure à la France des *dynasties nationales.*

Sous les VALOIS, la France fut malheureuse au dehors et au dedans.

AU DEHORS, 1° par les *guerres d'Angleterre*, ou guerres de 100 ans, de 1337 à 1453, qui mirent la France en péril sous Philippe VI, vaincu à *Crécy* (1346), par Édouard III; sous Jean II, dit *le Bon*, vaincu et fait prisonnier à *Poitiers* (1356), par le prince de Galles; sous Charles VI, vaincu à *Azincourt* (1415), et dont la femme, Isabeau de Bavière, vendit la France aux Anglais par le traité de Troyes (1420); sous Charles VII, réduit d'abord à la ville de *Bourges*, puis vainqueur des Anglais, qu'il chassa de France avec le secours miraculeux de Jeanne d'Arc, jeune lorraine, de 1429 à 1435.

Dans cette longue guerre, la France, ramenée par la royauté aux traditions féodales, au moment où l'Angleterre les abandonne pour entrer dans les voies modernes, est humiliée dans son honneur militaire, amoindrie dans son territoire, et accablée dans ses alliées. Sous Charles VII, l'élan national, excité par Jeanne d'Arc, sauve la France: la royauté relève toutes les classes de la société par des institutions fécondes, réprime la noblesse anarchique, et reconstruit son territoire.

1° Par les *guerres d'Italie*, qui furent la source des plus grandes pertes en hommes et en argent, sous Charles VIII, vainqueur cependant des ennemis à *Fornoue* (Parme (1495), sous Louis XII, vaincu à *Séminare* et *Cérignoles* (1503) (royaume de Naples), mais vainqueur à *Agnadel* (1509) et à *Ravenne* (1512); sous François Ier, victorieux d'abord à *Marignan* (1515), mais vaincu et fait prisonnier à *Pavie* (1525). Ces guerres, quoique funestes à la France, lui créent l'alliance des états protestants et des Turcs contre la puissance Austro-Espagnole, à laquelle le partage des états de Charles-Quint porte une grande atteinte.

2° Par les *guerres d'Autriche* sous Henri II. Vainqueur d'abord des *Impériaux* à *Renti* (1554), ce roi est vaincu à *Saint-Quentin* par les armées de Philippe II, roi d'Espagne, ligué contre la France avec l'Angleterre (1557).

Ces guerres, entreprises follement par cette ardeur appelée *furie française*, suscitent une coalition européenne contre l'agrandissement de la France. Elles furent désastreuses, mais elles contribuèrent à la politesse du langage, et firent naître le goût des arts en France.

Au dedans, par les guerres civiles qui désolèrent la France pendant trois siècles : 1° celle de Charles-le-Mauvais, roi de Navarre et gendre de Jean-le-Bon, qui voulait monter sur le trône (1387); 2° celle des paysans contre les seigneurs, guerre appelée *la Jacquerie ;* 3° celles des Orléanais ou Armagnacs et des Bourguignons, princes français rivaux, sous Charles VI; 4° celle des *Protestants* et des *Catholiques,* sous François II, Charles IX et Henri III ; la conjuration d'Amboise, sous François II, et le massacre des Protestants le jour de la Saint-Barthélemy (1572), sous Charles IX, en sont les conséquences les plus funestes

Mais la branche des Valois offre cependant des évènements qui rachètent en quelque sorte les malheurs que nous venons de signaler.

Nous y remarquons :

1° La fixation de la majorité des rois à 14 ans, sous Charles V (1369). Elle prévint les troubles des longues régences.

3° Les découvertes qui amenèrent des révolutions complètes dans l'esprit humain, telles que l'Artillerie, sous Philippe VI; la découverte de la Boussole (1300) ; l'Imprimerie, sous Charles VII (1450) ; la découverte de l'Amérique (1492); le passage aux Indes (1498), sous Charles VIII; la poste aux chevaux, sous Louis XI (1464).

3° La renaissance des arts et des sciences, particulièrement sous François Ier, et la chaîne non interrompue de nos écrivains (1515).

Les BOURBONS. Cette famille est la plus ancienne de l'Europe; elle règne sur plusieurs pays, et présente le souverain dont le nom est le plus populaire, *Henri IV!* Pendant 203 ans qu'elle a occupé, sans interruption, le trône de France, de 1589 à 1792, de glorieux événements ont été mêlés à d'affreux revers, et une *catastrophe terrible* est venue donner au monde un exemple de la fragilité des grandeurs humaines et des crimes que peut enfanter une *révolution*, quelles que soient les conséquences heureuses qui peuvent en naître. Nous ne jeterons qu'un coup d'œil sur les rois de cette branche. Nous y remarquerons :

1° *Henri IV* (1589), le père de ses peuples : il met de l'ordre et de l'économie dans les finances, de concert avec Sully, ministre digne de lui (1599); au moment où il se disposait à abaisser la maison d'Autriche, il est assassiné par un monstre nommé *Ravaillac*, le 14 mai 1610.

2° *Louis XIII :* il laisse régner à sa place le ministre Richelieu (1624), homme de génie, qui abaisse la maison d'Autriche à la guerre de 30 ans (de 1618 à 1648), diminue le pouvoir des grands, prend la Rochelle sur les protestants (1628), et prépare, par la fondation de l'Académie française (1635), le siècle de Louis XIV (1610 à 1643).

3° *Louis XIV*, dont le règne de 72 ans fut illustré par tous les genres de gloire. *Sa minorité fut orageuse :* la régence d'Anne d'Autriche, sa mère, et le ministre Mazarin causèrent la guerre de la *Fronde* (1648), c'est-à-dire une guerre civile entre le parlement et la cour. On y remarque cependant le traité de Westphalie ou de Munster (24 octobre 1648), qui termine la guerre de 30 ans, donne à la France, Metz, Toul et Verdun, et fonde le système d'équilibre entre toutes les puissances. *Son âge mûr fut brillant;* le roi gouverne par lui-même (1661); le ministre Colbert fait fleurir les sciences, les arts, le commerce, tandis que Louis XIV étonne l'Europe par ses victoires en Flandre, en Hollande, etc. (1672), jusqu'à la paix de Ryswick (1697). *Sa vieillesse fut malheureuse :* la succession d'Espagne (1700), les défaites de *Ramillies* (1706), de *Malplaquet* (1709) batailles gagnées par Marlborough, général anglais, et par le prince Eugène de Savoie, général des Impériaux, mettent la France dans une situation critique. Louis XIV meurt (1er septembre 1715), laissant le trésor endetté d'une somme énorme.

4° *Louis XV*, arrière-petit-fils de Louis XIV, dont l'enfance fut confiée à Philippe d'Orléans, prince aimable, brave, politique, mais immoral (de 1715 à 1723). Le système des finances d'un Écossais nommé Law (1720) ajouta encore à la position critique du *trésor*. La guerre de la succession d'Autriche (1741) vit briller la France à *Fontenoy* (1745), victoire due au maréchal de Saxe; mais la *guerre de Sept-Ans* (1756-1763) fut malheureuse pour les Français, qui eurent à combattre les Anglais et les Prussiens, et qui furent battus complétement à *Rosbach* (1757), les désastres et l'épuisement des finances présageaient déjà une commotion (20 mai 1774).

5° *Louis XVI*, petit-fils de Louis XV; il ne put éviter la plus terrible des révolutions, préparée sous ses deux prédécesseurs. Ce prince donna des secours aux Américains insurgés contre l'Angleterre (1778-1783), et assura leur indépendance par le traité de Versailles (1783). Le désordre des finances amena la convocation des États-Généraux (5 mai 1789), et, bientôt après, la *Révolution ;* la sagesse, les vertus, les réformes salutaires de Louis XVI, tout fut inutile; il mourut victime de la fureur des partis, que sa trop grande bonté ne put dominer. Il fut décapité à Paris, le 21 janvier 1793.

6° La *République française*, fondée en 1792, dura jusqu'en 1804; elle est remplie par des excès inouïs, par des atrocités sans exemple, et aussi par des actions de vertu, de courage, de patriotisme, dignes d'une grande circonstance, sous la *Convention* (1792), le *Directoire* (1795), et le *Consulat* (1799).

La *Convention natianale* (1792-1795) abolit la royauté, et proclama la République; fit exécuter Louis XVI (21 janvier 1793), déclara la guerre à l'Angleterre, à la Hollande et à l'Espagne. Après avoir fait périr successivement la reine *Marie-Antoinette* (16 octobre), vingt-et-un députés *Girondins* ou modérés (31 octobre); les chefs mêmes de la Révolution, *Danton* et *Camille Desmoulins* (5 avril 1794); elle finit par déclarer *Robespierre* hors la loi, et, par là, mit un terme au règne de la *Terreur* (27 juillet 1764). Avant de se séparer, elle rédigea la *Constitution* dite de l'*an III* (26 octobre 1795). Le *Directoire* fut une époque de gloire pour nos armées, et de repos intérieur, après le *terrorisme*. Les plus célèbres généraux de ce temps sont *Bonaparte, Kléber, Desaix, Masséna, Moreau*. A son retour de l'expédition d'Égypte, le général Bonaparte renversa le Directoire, dans la célèbre journée du 18 brumaire an VIII (9 novembre 1799).

Le *Consulat* fut illustré par la victoire de *Marengo* (1800), et terni par la mort du duc d'Enghien (1804).

7° L'*Empire français* commence le 18 mai 1804. Bonaparte est proclamé empereur sous le nom de Napoléon I, et règne jusqu'au 16 avril 1814.

La France est la première puissance du monde; les victoires continuelles des Français, les nombreuses améliorations dans les lois, la prospérité du commerce, la culture brillante des arts.

Victorieux partout, Napoléon écrase ses ennemis à *Austerlitz* (1805), crée les royaumes de Wurtemberg et de Bavière, et la confédération du Rhin (1806). *Iéna* (1806), *Eylau* (1807), *Friedland* (1807), voient ensuite les triomphes des armées françaises. L'injuste occupation de l'Espagne (1808), et la désastreuse campagne de Moscou (1812), portent les premières atteintes à la puissance colossale de l'Empereur. D'affreux revers amènent les étrangers jusque dans la capitale de la France (1814). Napoléon tombe deux fois (1814-1815), et les Bourbons remontent deux fois sur le trône. La bataille de *Waterloo* (1815), perdue par les Français, met un terme aux guerres de l'Europe. Napoléon, prisonnier de l'Angleterre, va mourir dans l'île de Sainte-Hélène (5 mai 1821).

8° Le règne paisible et juste de Louis XVIII, de 1815 à 1824, répare les maux de la France. Une *Charte constitutionnelle* garantit les droits des Français. Elle est violée par les *ministres* de Charles X (1824-1830), et la branche aînée des Bourbons cesse de régner. Le *peuple français*, après la révolution des 27, 28 et 29 juillet 1830, donne la couronne à *Louis-Philippe d'Orléans*, descendant de Henri IV, de la branche cadette des Bourbons. Son règne, de 18 ans (1830-1848), est signalé surtout par la conquête graduelle de l'Algérie, la prospérité commerciale de la France, et les progrès de l'industrie nationale. En février 1848, l'agitation, provoquée par les banquets, organisés en faveur de la réforme électorale, amène une révolution qui renverse Louis-Philippe et proclame la République. Louis-Napoléon Bonaparte en est élu président, le 10 décembre de la même année ; réélu le 21 décembre 1851 par le suffrage universel, il est proclamé empereur le 2 décembre 1852, sous le nom de *Napoléon III*. Il est né le 20 Avril 1808.

CHRONOLOGIE DES ROIS DE FRANCE.

DYNASTIE MÉROVINGIENNE.

CHEFS DES FRANCS.

Pharamond	418
Clodion	428
Mérovée	448
Childéric Ier	458

ROIS DE FRANCE.

Clovis Ier	481
Childebert Ier	511
Clotaire Ier	558
Caribert	561
Chilpéric Ier	567
Clotaire II	584
Dagobert Ier	628
Clovis II	638
Clotaire III	656
Childéric II	668
Thierry Ier	673
Clovis III	691
Childebert II	695
Dagobert II	711
Clotaire IV	715
Chilpéric II	716
Thierry II	720
Interrègne de cinq ans, sous le gouvernement de Charles-Martel.	737
Childéric III	743

MAIRES DU PALAIS

ET ROIS SOUS LESQUELS ILS GOUVERNAIENT.

Lando—*Clovis*	500
Landry — *Chilpéric*, *Clotaire II*	593
Gogon — *Childéric II*	595
Warnachaire — *Clotaire II*	614
Radon — *Clotaire II*	614
Protadius — *Clotaire II*	624
Pépin-le-Vieux ou de Landen — *Dagobert*	628
Arnoul, son frère — *Dagobert*	628
Æga — *Dagobert*	630
Erchinoald — *Clovis II*	640
Flaochat — *Clovis II*	640
Grimoald — *Clovis II*	648
Ebroïn — *Clotaire III*	660
S. Léger — *Thierry Ier*	673
Pépin d'Héristal — *Dagobert II*	714
Rainfroy — *Dagobert II*	716
Charles-Martel-*Thierry II*	732
Pépin-le-Bref *Childéric III*	752

DYNASTIE CARLOVINGIENNE.

Pépin-le-Bref	752	Louis II, le Bègue	777
Charlemagne	768	Louis III et Carloman	879
Louis-le-Débonnaire	814	Carloman seul	882
Charles II, le Chauve	840	Charles-le-Gros	884

FAMILLE DE ROBERT-LE-FORT.

888. — Eudes.

FAMILLE DE CHARLEMAGNE.

898.—Charles III, le Simple.

FAMILLE DE BOURGOGNE.

923. — Raoul.

FAMILLE DE CHARLEMAGNE.

Louis IV, d'Outremer	936	Louis V	986
Lothaire	954		

DYNASTIE CAPÉTIENNE.

CAPETS.

Hugues-Capet	987	Louis IX	1226
Robert	996	Philippe III, le Hardi	1270
Henri Ier	1031	Philippe IV, le Bel	1285
Philippe Ier	1060	Louis X	1314
Louis VI	1108	Jean Ier	1316
Louis VII	1137	Philippe V	1316
Philippe II, Auguste	1180	Charles IV	1322
Louis VIII	1223		

VALOIS.

Philippe VI	1328	Charles VII	1422
Jean II, le Bon	1350	Louis XI	1461
Charles V, le Sage	1364	Charles VIII	1483
Charles VI	1380		

VALOIS-ORLÉANS.

1498. — Louis XII, le père du peuple.

VALOIS-ANGOULÊME.

François Ier	1515	Charles IX	1560
Henri II	1547	Henri III	1574
François II	1559		

BOURBONS.

Henri IV	1589	Louis XV	1715
Louis XIII	1610	Louis XVI	1774
Louis XIV	1643	Louis XVII	1793

RÉPUBLIQUE.

1792-1804.

EMPIRE.

DYNASTIE NAPOLÉONIENNE.

1804. — Napoléon, empereur.

BOURBONS.

Louis XVIII	1814	Charles X	1824

DYNASTIE ORLÉANIENNE.

1830. — Louis-Philippe Ier, Roi des Français.

1848. — 2e RÉPUBLIQUE.

Louis-Napoléon, président, 10 décembre 1848.

Réélu le 21 décembre 1851.

2e EMPIRE.

1852. Le 2 décembre. — Napoléon III.

GÉOGRAPHIE HISTORIQUE

DE LA FRANCE.

Batailles célèbres gagnées.

DATES.	BATAILLES.	SITUATION.
451.	CHALONS-SUR-MARNE. Mérovée sur Attila.	*Champagne* (Marne).
486.	SOISSONS. Clovis sur Syagrius.	*Ile-de-France* (Aisne).
496.	TOLBIAC. Clovis sur les Allemands.	*Allemagne.*
507.	VOUILLÉ. Clovis sur Alaric II.	*Poitou* (Vienne).
584.	DROISSY. Frédégonde sur Childebert.	*Ile-de-France* (Aisne).
687.	TESTRY. Pépin d'Héristal.	*Picardie* (Somme).
732.	POITIERS. Charles-Martel sur les Maures.	*Poitou* (Vienne).
772.	Guerre contre les Saxons.	*Allemagne.*
774.	LOMBARDIE. Conquise par Charlemagne sur Didier.	*Italie.*
841.	FONTENAY. Charles-le-Chauve sur ses frères.	*Bourgogne* (Yonne).
1099.	JÉRUSALEM. Prise par Godefroy de Bouillon sur Saladin.	*Palestine.*
1213.	MURET. Simon de Montfort sur les Albigeois.	*Languedoc* (Haute-Garonne).
1214.	BOUVINES. Philippe-Auguste sur Othon de Brunswick.	*Flandre* (Nord).
1242.	TAILLEBOURG et SAINTES. Saint Louis sur Henri III, roi d'Angleterre.	*Saintonge* (Ch.-Inf.).
1304.	MONS-EN-PUELLE. Philippe IV sur les Flamands.	*Flandre* (Nord).
1328.	CASSEL. Philippe VI sur les Flamands révoltés.	*Flandre* (Nord).
1364.	COCHEREL. Duguesclin sur Charles-le-Mauvais.	*Normandie* (Eure).
1382.	ROSEBECQ. Charles VI sur les Flamands révoltés.	*Flandre* (Nord).
1421.	BAUGÉ. Le maréchal de Lafayette sur le duc de Clarence.	*Anjou* (Maine-et-Loire).

ANNÉES.	BATAILLES.	SITUATION.
1449.	PATAY. Jeanne d'Arc et Dunois sur Talbot.	*Orléanais* (Loiret).
1450.	FORMIGNY. Dunois sur les Anglais.	*Normandie* (Calvados).
1453.	CASTILLON. Dunois sur Talbot.	*Guyenne* (Gironde).
1465.	MONTLHÉRY. Louis XI sur la noblesse.	*Ile-de-France* (Seine-et-Oise).
1488.	SAINT-AUBIN. Louis de la Trémouille sur le duc d'Orléans.	*Bretagne* (Ille-et-Vil.).
1495.	FORNOUÉ. Charles VIII sur les Conférédés.	*duché de Parme.*
1495.	SEMINARE. D'Aubigny sur les Napolitains.	*Calabre* (Italie).
1509.	AGNADEL. Louis XII sur les Vénitiens.	*Italie.*
1512.	RAVENNES. Le duc de Nemours sur les Vénitiens.	*Italie.*
1515.	MARIGNAN. François Ier sur les Suisses.	*Milanais.*
1544.	CÉRISOLES. Le duc d'Enghien sur le marquis del Gasto.	*Piémont.*
1553.	METZ. Siége soutenu par le duc de Guise contre Charles-Quint.	*Lorraine* (Moselle).
1554.	RENTY. Henri II sur Charles-Quint.	*Artois* (Pas-de-Calais).
1562.	DREUX. Anne de Montmorency sur Condé.	*Orléanais* (Eure-et-Loir).
1567.	SAINT-DENIS. Les Catholiques sur les Huguenots.	*Ile-de-France* (Seine).
1569.	JARNAC. Le duc d'Anjou sur le prince de Condé.	*Saintonge* (Charente).
1569.	MONCONTOUR. Le duc d'Anjou sur Coligny.	*Poitou* (Vienne).
1588.	VIMORY. Le duc de Guise sur les Allemands.	*Orléanais* (Loiret).
1589.	ARQUES. Henri IV sur les Ligueurs.	*Normandie* (Seine-Inférieure).
1590.	IVRY. *Idem.*	*Normandie* (Eure).
1592.	AUMALE. Henri IV sur le duc de Parme.	*Normandie* (Seine-Inférieure).
1595.	FONTAINE-FRANÇAISE. Henri IV sur Mayenne.	*Bourgogne* (Côte-d'Or.)
1628.	LA ROCHELLE. Richelieu sur les Huguenots.	*Aunis* (Char.-Inf.).
1629.	PAS-DE-SUZE. Forcé par Louis XIII, Créquy et Bassompierre.	*Piémont.*
1630.	VIEILLANE. Le duc de Montmorency.	*Piémont.*

ANNÉES.	BATAILLES.	SITUATION.
1632.	CASTELNAUDARY. Le maréchal de Schomberg sur Montmorency.	*Languedoc* (Aude).
1640.	CASAL. Monsieur sur le prince d'Orange.	*Piémont*.
1642.	KEMPEN. Le comte de Guébriant sur Mercy.	*Allemagne*.
1643.	ROCROY. Le duc d'Enghien.	*Picardie* (Somme).
1644.	FRIBOURG. Condé et Turenne sur Mercy.	*Brisgaw*.
1645.	NORDLINGUE. Condé sur le général Mercy qui y est tué.	*Souabe*.
1648.	LENS. Condé sur l'archiduc Léopold.	*Artois* (Pas-de-Calais).
1658.	LES DUNES. Turenne.	*Flandre* (Nord).
1674.	ENSHEIM. Turenne sur le duc de Lorraine, plus fort du double.	*Alsace* (Bas-Rhin).
1674.	SÉNEF. Le prince de Condé sur le prince d'Orange, depuis roi d'Angleterre : il périt plus de 27.000 hommes.	*Brabant*.
1677.	CASSEL. Monsieur sur le prince d'Orange.	*Flandre* (Nord).
1690.	FLEURUS. Le maréchal de Luxembourg sur le prince de Waldeck.	*Belgique*.
1690.	STAFFARDE. Catinat sur le duc de Savoie.	*Piémont*.
1693.	NERWINDE. Luxembourg sur le prince d'Orange.	*Belgique*.
1702.	FRIEDLINGEN. Villars sur le prince de Bade. L'armée le salue maréchal.	*Souabe*.
1703.	HOCHSTETT. Le duc de Bavière et Villars sur le comte de Styrum.	*Bavière*.
1705.	CASSANO. Vendôme sur Eugène.	*Milanais*.
1710.	VILLA-VICIOSA. Vendôme sur Staremberg.	*Vieille-Castille* (Espagne).
1712.	DENAIN. Villars sur les alliés ; elle fut le salut de la France.	*Flandre* (Nord).
1745.	FONTENOY. Maréchal de Saxe sur le duc de Cumberland.	*Belgique*.
1758.	SAINT-CAST. Le duc d'Aiguillon sur les Anglais.	*Bretagne*.
1794.	FLEURUS. Jourdan.	*Belgique*.
1797.	MONTENOTTE, MILLÉSIMO, MONDOVI, LODI, ARCOLE. Bonaparte.	*Italie*.
1800.	MARENGO. Desaix.	*Piémont*.
1805.	AUSTERLITZ. Napoléon.	*Moravie*.

années.	BATAILLES.	SITUATION.
1809.	**Wagram**. Napoléon.	*Autriche.*
1812.	Prise de **Smolensk**, par Ney.	*Russie.*
1823.	**Trocadéro**. Par le général Lauriston.	*Espagne.*
1827.	**Navarin**. Victoire remportée sur les Turcs par les flottes réunies de France, d'Angleterre et de Russie.	*Grèce* (Morée).
1830.	**Alger**. Assiégée et prise par le maréchal de Bourmont.	*Algérie.*
1832.	**Anvers** (Siége). Maréchal Gérard sur les Hollandais, commandés par le général Chassé.	*Belgique.*
1835.	**La Sikka**. Par le général Bugeaud.	*Algérie.*
1836.	**Mascara**. Général Clausel.	*Algérie.*
1837.	**Constantine**. Par le général Danremont, qui y périt.	*Algérie.*
1834.	**Saint-Jean-d'Ulloa**. Par l'amiral Baudin.	*Mexique.*
1843.	**Taguin**. Par le duc d'Aumale.	*Algérie.*
1844.	**Isly**. Par le maréchal Bugeaud.	*Maroc.*
1844.	**Mogador**. Par le prince de Joinville.	*Maroc.*
1854.	Victoire de **l'Alma**, par les Français et les Anglais sur les Russes.	*Russie.*
1845.	Victoire d'**Inkermann** sur les Russes.	*Russie.*
1855.	**Sébastopol**. Prise par le maréchal Pélissier.	*Crimée* (Russie).
1855.	Victoire de **Malakoff** et de **Sebastopol**.	*Russie.*
1859.	**Montebello**. Les Autrichiens vaincus par le général Forey.	*Italie.*
1859.	**Magenta**. Contre les Autrichiens. Les généraux Espinasse et Clerc sont tués.	*Italie.*
1859.	**Solferino**. Sur les Autrichiens.	*Italie.*
1860.	Prise de **Pékin** par les Français.	*Chine.*
1863.	Prise de la citadelle de **Mito** par les Français.	*Mexique.*
1863.	Prise de **Puebla**.	*Mexique*
1864.	Prise de **Mexico**.	*Mexique*

Batailles célèbres perdues.

années.	BATAILLES.	SITUATION.
508.	ARLES. Les Ostrogoths sur Clovis.	*Provence* (Bouches-du-Rhône).
778.	RONCEVAUX. Sarrasins sur Roland, qui y périt.	*Gorge des Pyrénées.*
1119.	BRENNEVILLE. Henri Ier, roi d'Angleterre, sur Louis le Gros.	*Normandie* (Seine-Inférieure).
1249.	LA MASSOURE. Les Sarrasins sur saint Louis, qui y est fait prisonnier.	*Égypte.*
1302.	COURTRAY. Les Flamands sur les Français, commandés par le comte d'Artois.	*Flandre* (Belgique).
1340.	L'ECLUZE. La flotte anglaise sur la flotte française.	*Flandre* (Belgique).
1346.	CRÉCY. Edouard III sur Philippe VII	*Picardie* (Somme).
1356.	POITIERS. Le prince Noir sur Jean II.	*Poitou* (Vienne).
1367.	NAVARETTE. Le prince Noir sur Duguesclin.	*Vieille-Castille* (Espagne)
1415.	AZINCOURT. Henri V, roi d'Angleterre, sur les Français.	*Picardie* (Somme).
1424.	VERNEUIL. Le duc de Bedford sur Jean Stuart, qui y est tué.	*Normandie* (Eure).
1429.	JOURNÉE DES HARENGS. Devant Orléans, assiégé, le duc de Bourgogne est défait par les Anglais.	*Orléanais* (Loiret).
1476.	GRANDSON et MORAT. Les Suisses sur Charles le Téméraire.	*Suisse.*
1477.	NANCY. Charles le Téméraire est défait et tué.	*Lorraine* (Meurthe).
1503.	SÉMINARE. Antoine de Lève sur d'Aubigny (sous Louis XII).	*Calabre.*
1503.	CÉRIGNOLES. Gonzalve de Cordoue sur le duc de Nemours (sous Louis XII).	*Royaume de Naples.*
1513.	GUINEGATE. Henri VIII sur les Français (sous Louis XII).	*Picardie* (Somme).
1522.	LA BICOQUE. Perdue par Lautrec (sous François Ier).	*Italie.*
1525.	PAVIE. Charles-Quint sur François Ier, qui y est fait prisonnier.	*Milanais.*

années.	BATAILLES.	SITUATION.
1557.	SAINT-QUENTIN. Le duc de Savoie sur le connétable de Montmorency (sous Henri II).	*Picardie* (Somme).
1569.	LA ROCHE-ABEILLE. Coligny sur le duc d'Anjou (sous Charles IX).	*Limousin* (Haute-Vienne)
1587.	COUTRAS. Henri IV sur la Ligue.	*Guienne* (Gironde).
1646.	MARIENDAL. Mercy sur Turenne (sous Louis XIV).	*Wurtemberg.*
1692.	LA HOGUE. L'amiral Russel sur Tourville (sous Louis XIV).	*Normandie* (Manche).
1704.	BLENHEIM. Marlborough et Eugène sur Tallard.	*Allemagne* (Bavière).
1706.	RAMILLIES. Marlborough sur Villars (sous Louis XIV).	*Belgique* (Brabant).
1706.	OUDENARDE. Marlborough sur le duc de Vendôme (sous Louis XIV).	*Belgique* (Flandre Or.).
1709.	MALPLAQUET. La plus sanglante de toute la guerre, perdue par Villars contre Marlborough et Eugène (sous Louis XIV).	*Flandre* (Nord).
1743.	DETTINGUE. Georges II sur le maréchal de Noailles (sous Louis XV).	*Allemagne* (Wurtemberg).
1757.	ROSBACH. Le roi de Prusse sur le prince de Soubise (sous Louis XV).	*Prusse* (Saxe).
1793.	NERWINDE. Prince de Cobourg sur Dumouriez (sous la République).	*Belgique* (Liége).
1812.	LA BÉRÉSINA. Les Russes sur les Français (sous Napoléon).	*Russie* (Gouvernement de Minsk).
1814.	LAON. Les alliés sur les Français (sous Napoléon).	*Ile-de-France* (Aisne).
1815.	WATERLOO. Les alliés sur les Français (sous Napoléon).	*Belgique* (Brabant).

REVUE CHRONOLOGIQUE

DES

PRINCIPAUX ÉVÉNEMENTS

DE 1854 (1) A 1875.

1854. — 27 mars. — Assassinat du duc de Parme. Sa veuve, Louise de Bourbon, sœur du comte de Chambord, est régente, au nom de son fils Robert, âgé de six ans.

— 30 mai. — Loi ordonnant que la peine des travaux forcés sera subie à l'avenir dans des établissements pénitenciers situés hors de France et de l'Algérie. Les bagnes de France seront successivement supprimés.

— 28 juin. — Deux mille cavaliers de la garnison de Madrid se soulèvent et vont rejoindre O' Donnell, général récemment disgracié. Le combat de Vicalvaro se termine à l'avantage des révoltés, et toutes les grandes villes d'Espagne, y compris Madrid, se prononcent pour eux. Espartero est appelé à former un ministère libéral avec O' Donnell. La reine-mère, Marie-Christine est exilée.

— 14 juillet. — Le vice-roi d'Égypte, Abbas Pacha, est étranglé par deux de ses mameluks. L'oncle d'Abbas, Saïd, l'aîné des fils survivants de Méhémet-Ali, lui succède.

— 10 décembre. — Bulle promulguée à Rome, en présence de deux cents évêques, pour mettre au nombre des dogmes l'Immaculée-Conception de la Sainte Vierge.

1855. — 2 mars. — Mort de Nicolas Ier, empereur de Russie, et avénement de son fils Alexandre II.

— 15 mai. — Inauguration d'une Exposition universelle de l'Industrie et des Beaux-Arts à Paris. Elle reste ouverte jusqu'au 15 novembre.

— 18 août. — La reine d'Angleterre vient à Paris, et y passe huit jours.

(1) Voir page 167.

1856. — 16 mars. — Naissance du prince impérial Louis-Eugène Napoléon.

— 14 juillet. — Contre-révolution à Madrid, qui renverse, après une lutte sanglante, le ministère d'Espartero.

— 3 septembre. — Insurrection royaliste à Neuchâtel (Suisse), pour replacer ce canton sous la souveraineté directe de la Prusse, dont il était séparé de fait depuis 1848. Elle est aussitôt réprimée. La Prusse exige le relâchement des prisonniers, et la Confédération demande la reconnaissance légale de l'indépendance du canton. On se prépare des deux côtés à la guerre. La médiation des grandes puissances amène un traité, signé à Paris le 26 mai 1857, par lequel la Prusse renonce, sans indemnité, à ses droits, sur le canton de Neuchâtel.

1857. — Mai. — Révolte des troupes indigènes de l'armée du Bengale. Un grand nombre d'officiers et de sujets anglais sont massacrés. Les insurgés s'emparent de Delhi, et y proclament roi le fils du grand mogol. Après des prodiges d'héroïsme et de constance, les Anglais, disséminés dans quelques places où ils s'étaient retranchés, sont enfin secourus par des renforts venus d'Angleterre. La rébellion reçoit un coup décisif par la reprise de Delhi, le 21 septembre, et est bientôt définitivement réduite.

— Mai-Juin. — Soumission de la grande Kabylie. Le maréchal Randon, avec 25,000 hommes, brise les dernières résistances des Kabyles, et assure la domination française sur cette contrée jusque-là indomptée.

1858. — 14 janvier. — Attentat des Italiens Orsini et Pierri contre l'empereur Napoléon III, au moyen de bombes fulminantes qui tuent ou blessent un grand nombre de personnes. Ils sont exécutés le 14 mars.

— 22 août. — Première communication entre l'Angleterre et les Etats-Unis par le télégraphe sous-marin.

— Août. — Traités de commerce conclus avec le Japon, par la France, l'Angleterre, la Russie et les Etats-Unis.

1859. — 15 janvier. — L'empereur Soulouque est détrôné par le général Geffrard, qui est nommé Président de la république d'Haïti.

— 30 janvier. — Mariage de la princesse Clotilde, fille de Victor-Emmanuel, roi de Sardaigne, avec le prince Napoléon.

— 29 avril. — Guerre d'Italie entre l'Autriche et la Sardaigne alliée à la France. Les Autrichiens franchissent le Tessin.

— 22 mai. — Mort du roi de Naples Ferdinand II ; il a pour successeur son fils François II.

— 4 juin. — Bataille de Magenta, gagnée par les Français.

— 8 juin. — Entrée des Français à Milan. — Combat de Melegnano.

— 24 juin. — Bataille de Solferino, gagnée par l'armée franco-sarde.

— 8 juillet. — Suspension d'armes de Villafranca, suivie des préliminaires de paix, par lesquelles la Lombardie est cédée au roi de Sardaigne.

— 9 juillet. — Mort du roi de Suède Oscar Ier. Son fils Charles XV lui succède.

— 21 juillet. — Soulèvement de la Toscane contre le grand-duc Léopold II, en faveur de la réunion au Piémont.

— 21 août. — Les duchés de Modène et de Parme votent leur réunion au Piémont. — Le 26 août, les Légations et la Romagne se prononcent également pour Victor-Emmanuel.

— 22 octobre. — L'Espagne déclare la guerre à l'empereur du Maroc, afin d'obtenir réparation d'hostilités commises contre les possessions espagnoles de la côte marocaine. Une armée de 40,000 hommes, sous le commandement en chef du général O' Donnell, débarque à Ceuta, à la fin de novembre.

— 23 novembre. — Traité de Zurich, qui confirme les stipulations de Villafranca, et réserve les droits des princes italiens dépossédés.

1860. — 1er janvier. — Bataille des Castellejos, près de Tétuan, gagnée par O' Donnell. Une seconde victoire, le 4 février, ouvre aux Espagnols les portes de Tétuan. Enfin de nouvelles défaites des Marocains, et la marche de l'armée victorieuse sur Tanger, obligent l'empereur du Maroc à demander la paix. L'Espagne obtient une cession de territoire autour de Ceuta et sur l'Atlantique, une indemnité de guerre de 100 millions de francs, des avantages commerciaux, et la tolérance d'établissements catholiques dans plusieurs villes de l'empire.

— 23 janvier. — Traité de commerce entre la France et l'Angleterre, pour une durée de dix années.

— 2 avril. — Campagne anglo-française en Chine. Prise de Tien-Tsin, en août. — Entrée des alliés à Pékin, le 13 octobre. — Traités de Pékin, le 25 octobre, stipulant l'ouverture de plusieurs ports, et une forte indemnité pécuniaire.

— 3 mai. — Débarquement à Marsala, en Sicile, de mille volontaires commandés par Garibaldi. Insurrection de la Sicile contre le gouvernement napolitain.

— 14 juin. — Réunion à la France de la Savoie et du comté

de Nice, par convention avec le roi de Sardaigne, et après un vote favorable des deux provinces annexées.

— 9 juillet. — Massacre des chrétiens en Syrie, particulièrement à Damas, où les meurtres durent six jours. — Envoi en Syrie d'un corps expéditionnaire français, qui débarque à Beyrouth, au commencement de septembre. — Indemnité de trente millions accordée par le gouvernement turc au profit des victimes.

— 7 septembre. — Entrée de Garibaldi à Naples, que le roi François II avait abandonné à l'approche de l'armée des volontaires. La souveraineté de Victor-Emmanuel est proclamée par Garibaldi.

— 17 septembre. — Combat de Castel-Fidardo, entre le général piémontais Cialdini et le général Lamoricière, qui commande les troupes papales. Celui-ci est forcé de se réfugier dans Ancône, où il capitule le 29.

— 9 octobre. — Les Sardes passent la frontière napolitaine, et Victor-Emmanuel fait son entrée à Naples, le 7 novembre.

— 6 novembre. — Election d'Abraham Lincoln à la présidence des Etats-Unis.

1861. — 2 janvier. — Mort du roi de Prusse Frédéric-Guillaume IV, et avénement de son frère, sous le nom de Guillaume 1er.

— 2 février. — Emancipation des paysans russes, par décret de l'empereur Alexandre II.

— 24 février. — Expédition française en Cochinchine, sous le commandement de l'amiral Charner. Combats contre les Annamites, et prise de Mytho, près du fleuve Cambodje. — En avril, conquête de Saïgon et de la Basse-Cochinchine.

— 4 mars. — Les Etats à esclaves de l'Union américaine déclarent se séparer des Etats du Nord, et nomment, pour président de la confédération du Sud, le général Jefferson Davis.

— 17 mars. — Victor-Emmanuel prend le titre de roi d'Italie, en vertu d'une loi votée par le Parlement italien.

— Mars. — Le jeune roi d'Abyssinie est mis à mort par l'usurpateur Théodoros, qui se fait empereur à sa place.

— Avril. — Commencement de la guerre de sécession aux Etats-Unis, entre les fédéraux du Nord et les confédérés du Sud. Richmond est la capitale de la confédération du Sud.

— 8 juin. — Juarez est élu président du Mexique.

— 15 juin. — Mort du sultan Abdul-Medjid, auquel succède son frère Abdul-Aziz.

— 12 décembre. — Le prince Albert, mari de la reine d'Angleterre, meurt à l'âge de 42 ans.

1862. — 9 avril. — Rupture des conférences d'Orizaba (Mexique), où s'étaient réunis les commandants des forces françaises, anglaises et espagnoles, envoyées par leurs gouvernements respectifs, pour obtenir satisfaction du président Juarez. Les Anglais et les Espagnols se rembarquent. Le général de Lorencez, qui commande le corps expéditionnaire français de 7.000 hommes, s'avance sur Puebla, mais il est arrêté devant Guadalupe, position fortifiée qu'il ne peut enlever, et retourne à Orizaba, où il s'établit. Des renforts arrivent en octobre, et portent l'armée française à 25.000 hommes, sous le commandement en chef du général Forey. La saison des pluies ne permettra de reprendre la marche sur Puebla qu'au mois de février.

— 29 avril. — Prise de la Nouvelle-Orléans par les fédéraux. Richmond même est menacé. Mais les confédérés remportent sur d'autres points de grands avantages, et s'avancent jusqu'auprès de Washington, capitale de L'Union. Une victoire des fédéraux dégage cette ville. De nombreux dommages sont causés au commerce de l'Union par le corsaire confédéré l'*Alabama*, de construction anglaise. L'année entière se passe dans des alternatives de succès et de revers pour les deux partis. Toutefois les unionistes voient s'accroître leurs ressources, à mesure que s'épuisent celles de leurs adversaires.

29 août. — Garibaldi, en marche sur Rome, avec un corps de volontaires formé en Sicile, est arrêté et défait par les troupes italiennes, à Aspramonte (Calabre), où il est blessé.

— 26 septembre. — Mariage de la princesse Pie, seconde fille de Victor-Emmanuel, avec le roi de Portugal, don Luis Ier.

— 24 octobre. — Révolution en Grèce. Abdication du roi Othon.

1863. — 15 janvier. — Insurrections sur plusieurs points de la Pologne, préparées par les manifestations de l'année précédente. Elles se prolongent une partie de l'année, sous la forme de guerre de partisans, et n'aboutissent qu'à la perte complète de ce qui restait de l'autonomie polonaise.

— 30 mars. — Le prince George, fils de Christian, prince héréditaire de Danemark, et beau-frère du prince de Galles, est élu roi de Grèce, par l'Assemblée nationale hellénique. — L'Angleterre cède à la Grèce les îles Ioniennes.

— 14 avril. — Prise de Jackson, capitale du Mississipi, par le général unioniste Grant, qui s'empare aussi, le 4 juillet, de la ville fortifiée de Pittsburg, après un siége de quarante-sept jours. Les séparatistes, conduits par Lee, menacent encore une fois Washington. Ils sont repoussés par le général Meade, victorieux, le 5 juillet, à Gettysburg. La fin de l'année est favorable, sur tous les points, aux fédéraux, qui resserrent de plus en plus le cercle des positions occupées par les confédérés du Sud. Cent mille noirs marchent sous les drapeaux du Nord.

— 17 mai — Reddition de Puebla, après un siége de deux mois. L'armée française entre le 10 juin à Mexico, où s'assemble une junte qui proclame empereur du Mexique l'archiduc Maximilien, frère de l'empereur d'Autriche. Maximilien envoie de Vienne son acceptation conditionnelle, en demandant que son élévation au trône soit ratifiée par un plébiscite. — En septembre, le général Bazaine succède, dans le commandement en chef de l'armée, au général Forey, nommé maréchal, et qui rentre en France.

— 15 novembre. — Le roi de Danemark, Frédéric VII, meurt sans postérité, et a pour successeur Christian IX, de la branche de Holstein-Sonderbourg-Glucksbourg.

1864. — 1er février. — Occupation des duchés de Schleswig-Holstein par une armée austro-prussienne, qui vient soutenir, contre le Danemark, les prétentions du duc d'Augustembourg sur ces duchés. — Le 18 avril, les Prussiens, armés du fusil à aiguille, emportent d'assaut les redoutes de Düppel défendues par les Danois, et occupent Fredericia, dans le Jutland. Armistice. — Traité de Vienne, du 30 octobre, qui fait perdre au Danemark les duchés de Schleswig-Holstein, cédés à la Prusse et à l'Autriche.

— 1er février. — Décret du président Lincoln, qui ordonne une nouvelle levée de 500,000 hommes. — Du 6 au 12 mai, bataille de six jours entre Grant et Lee, qui se termine, après des pertes énormes de part et d'autre, par la défaite de ce dernier. Grant marche sur Richmond, où il retrouve Lee, qui lui fait essuyer de grandes pertes, pendant qu'un autre général confédéré tente une diversion vers le Nord. — Le corsaire l'*Alabama* est attaqué le 9 juin, à sa sortie de Cherbourg, et pris par un navire de guerre fédéral. — Dans les derniers mois de l'année, les généraux de l'Union pénètrent de tous côtés dans les Etats du Sud, malgré la résistance opiniâtre des chefs confédérés.

— 10 mars. — Mort du roi de Bavière Maximilien II, auquel succède son fils Louis II.

— 4 avril. — En Pologne, la langue russe remplace la langue polonaise pour tous les actes officiels. — Plusieurs décrets successifs réorganisent l'instruction publique et les conditions de la propriété civile et religieuse, de manière à substituer la législation russe aux institutions polonaises.

— 29 mai. — Arrivée de l'empereur Maximilien à Vera-Cruz ; il fait son entrée le 12 juin à Mexico. — Les Français combattent les juaristes sur les points où tiennent encore les partisans de l'ancien Président du Mexique.

— 25 juin. — Mort du roi de Wurtemberg Guillaume Ier; son fils Charles Ier lui succède.

— 15 septembre. — Traité entre la France et l'Italie, pour l'évacuation de Rome par les troupes françaises, dans le délai de deux années, et leur remplacement par une force militaire à la solde du pape, que le roi d'Italie s'engage à protéger contre toute attaque extérieure. — Florence deviendra la capitale de l'Italie.

— 8 décembre. — Encyclique de Pie IX, où se trouve le *Syllabus*, énoncé des erreurs modernes condamnées par le pape.

1865. — 3 avril. — Prise de Richmond. Les dernières forces du Sud sont brisées par les efforts des généraux unionistes Grant, Sheridan et Sherman. Lee et son lieutenant Johnston, dont les armées sont cernées, capitulent le 9 avril. Le triomphe du Nord, après une lutte gigantesque de quatre années, est acheté par la perte de 325.000 soldats tués ou morts de blessures et de maladies, et par une dette de 13 milliards de francs. — En décembre, l'armée, qui était d'un million d'hommes à la fin de la guerre, est réduite à 200,000, dont 85,000 de couleur. — Un vote du Congrès, du 31 janvier, abolissant l'esclavage sur le territoire des Etats-Unis, est adopté par les législatures de tous les Etats de l'Union.

— 14 avril. — Le président des Etats-Unis, Abraham Lincoln, est assassiné au théâtre, à Washington, par Wilke Booth, qui s'échappe et est tué quelques jours après, au moment d'être pris. Le nouveau président est le vice-président Andrew Johnston.

— 5 mai. — Translation du gouvernement italien à Florence, qui devient la capitale du royaume d'Italie.

— 10 décembre. — Mort de Léopold 1er, roi des Belges; il a pour successeur son fils Léopold II.

— 23 décembre. — Une union monétaire est conclue entre la France, la Belgique, la Suisse et l'Italie, pour rendre uniformes le titre et le cours de leurs monnaies d'or et d'argent.

1866. — Janvier. — Insurrections militaires en Espagne, à l'instigation du général Prim, qui s'enfuit en Portugal. — Le 22 juin, nouvelle insurrection à Madrid, également comprimée.

— Février — Les Etats-Unis, qui ne veulent ni reconnaître le nouvel empire du Mexique, ni s'engager à rester neutres, promettent de ne pas intervenir en faveur des juaristes, si les troupes françaises se retirent. — En avril, le gouvernement français annonce l'évacuation du Mexique, en trois détachements échelonnés de novembre 1866 à novembre 1867. — A mesure que les troupes françaises abandonnent les parties excentriques du territoire mexicain, l'insurrection les envahit.

— 24 mars. — Mort de la reine Marie-Amélie, veuve du roi Louis-Philippe, à Claremont, en Angleterre.

— 18 juin. — Déclaration de guerre à l'Autriche par la Prusse et l'Italie. Ce sont les duchés de Schleswig-Holstein, que la Prusse veut s'incorporer, qui sont le prétexte de cette guerre ; mais la Prusse a l'intention d'exclure l'Autriche de l'Allemagne, et a négocié secrètement avec l'Italie, en lui assurant la Vénétie comme prix de son alliance. — La Prusse envahit immédiatement le Hanovre et la Saxe, qui ont pris parti pour l'Autriche.

— 24 juin. — Bataille de Custozza, près de Vérone, gagnée par l'archiduc Albert sur l'armée italienne. — Le même jour, deux armées prussiennes, sous le commandement du prince royal Frédéric-Guillaume et du prince Frédéric-Charles, entrent en Bohême, dont les Autrichiens ne défendent pas les défilés.

— 3 juillet. — Bataille de Sadowa, et défaite complète des Autrichiens et des Saxons commandés par le général Bénédeck. Les Prussiens occupent Prague le 8, et s'avancent sur Vienne. Des préliminaires pour la paix s'ouvrent le 26 juillet.

— 18 juillet. — Combat naval de Lissa, dans la mer Adriatique, où l'escadre italienne est battue par l'amiral autrichien Tégétholf.

— 23 août. — Traité de Prague, qui dissout l'ancienne Confédération germanique, exclut l'Autriche de l'Allemagne, annexe à la Prusse les duchés de Schleswig-Holstein, le Hanovre, la Hesse électorale, le duché de Nassau, et la ville de Francfort. L'Autriche cède la Vénétie à l'Italie.

— 12 décembre. — Les Français évacuent Rome et le territoire pontifical, suivant la convention du 15 septembre 1864. Des troupes pontificales, en partie étrangères, les remplacent.

— 22 décembre. — Arrestation et déportation du président des Cortès espagnoles, Rias-Rosas, du maréchal Serrano et de plusieurs généraux.

1867. — Janvier et février. — Evacuation du Mexique par les roupes françaises. — L'empereur Maximilien refuse de les suivre. — Le 15 mai, Maximilien, réfugié depuis soixante-huit jours dans Queretaro, dont les juaristes ont formé le siége, tombe par trahison aux mains d'Escobedo, lieutenant de Juarez. Condamné à mort le 14 juin, il est fusillé le 19, avec deux de ses généraux, Meja et Miramon. — Juarez fait sa rentrée à Mexico, le 15 juillet.

— 1 mars. — Renversement du président Geffrard, à Haïti. En mai, le général Salnave est élu président.

— 5 avril. — Adoption par le Parlement allemand, sur la proposition de la Prusse, du projet d'Union des Etats au nord du Mein, sous le nom de Confédération du Nord. Des conventions sont établies avec les Etats du Sud, pour que leurs troupes soient placées, en temps de guerre, sous la direction de la Prusse.

— 1er mai. — Ouverture à Paris d'une Exposition universelle. Plusieurs souverains de l'Europe viennent la visiter, parmi lesquels : le sultan, le roi de Prusse Guillaume Ier, accompagné de son ministre le comte de Bismark, et l'empereur de Russie, Alexandre II, sur lequel un attentat est commis le 6 juin, dans une revue au Bois de Boulogne, par le Polonais Berezowski.

— 1er mai. — Conférence à Londres pour régler le différend entre la France et la Prusse, au sujet du grand-duché de Luxembourg. La garnison prussienne est retirée, et la neutralité de ce territoire est placée sous la garantie des grandes puissances.

— 29 octobre. — Nouvelle intervention française à Rome. Une division de troupes françaises, sous le commandement du général de Failly, débarque à Civita-Vecchia, et livre, le 3 novembre, le combat de Mentana aux garibaldiens, qui avaient pénétré depuis quinze jours sur le territoire pontifical, et s'étaient même avancés jusqu'à vingt kilomètres de Rome. Cette action les oblige à repasser la frontière, où ils sont désarmés par les troupes italiennes.

1868. — Avril. — Expédition des Anglais en Abyssinie, pour délivrer le consul et plusieurs sujets britanniques retenus en captivité, malgré les réclamations de l'Angleterre. L'empereur Théodoros se tue, au moment de l'assaut que donnent les Anglais à Magdala, sa capitale. Les prisonniers sont délivrés, et l'armée anglaise se retire.

— 2 juillet. — Par décrets de la reine d'Espagne, le duc et la duchesse de Montpensier sont exilés, et plusieurs généraux espagnols sont déportés aux îles Canaries et aux Baléares.

— 17 septembre. — Révolution dite de Septembre, en Espagne. Elle commence par un pronunciamento des équipages de la flotte de Cadix, commandés par l'amiral Topete, auquel se joignent bientôt Prim et les autres généraux exilés. — Le combat d'Alcola livré le 23 septembre, par Serrano, aux troupes de la reine, qui y sont défaites, détermine le soulèvement de toute l'Espagne. La reine Isabelle se réfugie en France, avec son fils Alphonse, prince des Asturies.

— 10 octobre. — Soulèvement dans l'île de Cuba, à la nouvelle des événements d'Espagne ; il a pour objet l'affranchissement des hommes de couleur.

— 4 novembre. — L'empire d'Autriche prend officiellement le nom d'empire Austro-Hongrois, ou d'Autriche-Hongrie.

1869. — 4 mars. — Installation du général Grant, nommé président des Etats-Unis.

— 15 juin. — Le maréchal Serrano, duc de la Torre, est nommé par les Cortès régent d'Espagne. — Insurrections républicaines, bientôt réprimées, sur divers points de la Péninsule.

— 15 octobre. — Une convention est conclue entre la Suisse, l'Italie et l'Allemagne, pour le percement des Alpes par le Saint-Gothard, en sauvegardant la neutralité de la Suisse.

— 17 novembre. — Inauguration du canal de l'isthme de Suez, qui unit la mer Méditerranée à la mer Rouge.

— 8 décembre. — Ouverture à Rome du concile du Vatican, où siégent 700 évêques venus de tous les points du monde catholique.

1870. — 10 janvier. — Le président Salnave, d'Haïti, est mis à mort, à la suite d'une insurrection et de la prise de Port-au-Prince. Le nouveau président est Nissage-Salvet.

— 8 mai. — Plébiscite au sujet des modifications apportées à la constitution de l'empire français. Le vote donne 7,350,000 *oui*, et 1,538,000 *non*.

— 24 juin. — Abdication, à Paris, de la reine d'Espagne Isabelle II, en faveur du prince des Asturies, son fils, qui prend le nom d'Alphonse XII.

— 4 juillet. — Le prince Léopold de Hohenzollern accepte la candidature au trône d'Espagne, qui lui est offerte par Prim, au nom du cabinet espagnol.

— 6 juillet. — A l'occasion de cette candidature, déclaration contre la Prusse, portée au Corps législatif par M. de Gramont, ministre des affaires étrangères.

— 12 juillet. — Le prince Léopold renonce de lui-même à sa candidature.

— 15 juillet. — Déclaration de guerre à la Prusse, votée par le Sénat et le Corps législatif, sur la demande du cabinet Ollivier.

— 18 juillet. — L'infaillibilité doctrinale du pape est proclamée par un vote solennel et définitif du concile du Vatican. — Le concile, qui siége depuis le 8 décembre 1869, sera suspendu en octobre, après l'entrée des Italiens à Rome.

— 18 juillet. — Evacuation de Rome et du territoire pontifical par les troupes françaises, rappelées à l'occasion de la guerre avec la Prusse.

— 4 août. — Combat de Wissembourg, où est surprise et battue la division Douay, du corps de Mac Mahon.

— 6 août. — Bataille de Wœrth, dans laquelle le corps d'armée du maréchal de Mac Mahon est défait par la 3e armée allemande, commandée par le prince royal de Prusse. — Le même jour, surprise et défaite, à Forbach, du corps du général Frossard.

— 14, 16, 18 août. — L'armée du Rhin, qui s'est formée à Metz sous les ordres du maréchal Bazaine, livre le 14 août la bataille de Borny, le 16, la bataille de Rezonville et de Mars-la-Tour, le 18, la bataille de Saint-Privat et de Gravelotte, à la suite desquelles elle est rejetée sous Metz, où Bazaine se trouve enfermé avec 120,000 hommes.

— 1er septembre. — Bataille de Sedan, où une armée réorganisée à Châlons, sous la direction du maréchal de Mac Mahon, est défaite par la 3e et 4e armée allemandes, et refoulée dans Sedan, où elle est entourée.

— 2 septembre. — Capitulation de Sedan, qui livre aux Prussiens, avec l'empereur Napoléon III, 85,000 hommes, et un nombreux matériel de guerre.

— 4 septembre. — Révolution à Paris, à la nouvelle du désastre de Sedan. La République est proclamée; et un gouvernement dit de la Défense nationale, composé des députés de Paris, s'établit sous la présidence du général Trochu, gouverneur de la capitale.

— 13 septembre. — Une délégation du Gouvernement part pour Tours. Elle est composée de MM. Glais-Bizoin et Crémieux, auxquels se joint le vice-amiral Fourichon.

— 19 septembre. — Paris est investi de tous côtés par les armées allemandes. Le roi Guillaume établit son quartier général à Versailles.

— 20 septembre. — Depuis le 11 septembre, les troupes italiennes sont entrées sur le territoire pontifical. Le 20, après une canonnade de quatre heures, la ville de Rome est prise et occupée par les Italiens. Le pape reste au Vatican. Le 21, le cardinal Antonelli adresse une protestation à toutes les puissances. — Une encyclique du pape, en date du 1er novembre, excommunie tous les auteurs et promoteurs de l'annexion de Rome.

— 28 septembre. — Capitulation de Strasbourg, après quarante-six jours de siége et trente-sept de bombardement.

— 7 octobre. — M. Gambetta s'échappe de Paris, en ballon, et rejoint la délégation de Tours.

— 11 octobre. — Prise d'Orléans par les Bavarois.

— 16 octobre. — Les Cortès espagnols élisent pour roi **Amédée**, duc d'Aoste, second fils de Victor-Emmanuel.

— 27 octobre. — Capitulation de Metz, qui livre à l'ennemi 120,000 hommes, un immense matériel, et la place de Metz.

— 9 novembre. — Bataille de Coulmiers, où les Bavarois sont défaits par le général d'Aurelle de Paladines, qui reprend Orléans.

— 10 novembre. — Le Parlement allemand vote le rétablissement de l'empire d'Allemagne, et envoie au roi Guillaume, pour lui offrir la dignité impériale, une adresse qui lui est présentée le 19 novembre, à Versailles.

— 5 décembre. — Après quatre jours de combats autour d'Orléans, les Prussiens rentrent dans cette ville. — Le même jour, Rouen tombe en leur pouvoir.

— 6 décembre. — La délégation de Tours, n'étant plus en sûreté dans cette ville, se transporte à Bordeaux.

— 28 décembre. — Assassinat du général Prim, à Madrid.

1871. — 4 janvier. — Arrivée du roi Amédée à Madrid. Il charge l'ex-régent Serrano, duc de la Torre, de former son cabinet.

— 18 janvier. — Le roi Guillaume est reconnu empereur d'Allemagne par les princes allemands rassemblés à Versailles. L'empire allemand comprend les Etats de la Confédération du Nord et ceux du midi de l'Allemagne.

— 28 janvier. — Capitulation de Paris, après un siége de quatre mois et dix jours : les armes et le matériel de guerre sont livrés aux Allemands, et, dans la quinzaine, la ville doit payer une contribution de guerre de deux cents millions de francs. — Armistice de 21 jours, non applicable à l'armée de l'Est.

— 2 février. — L'armée de l'Est, après avoir livré plusieurs combats, sous le commandement de Bourbaki, est cernée par deux armées allemandes, et parvient à se réfugier en Suisse, où ses souffrances et son dénûment trouvent la plus généreuse assistance.

— 8 février. — Elections, dans toute la France, des députés à l'Assemblée nationale. M Thiers est élu dans 28 départements.

— 13 février. — Première réunion à Bordeaux de l'Assemblée nationale. Démission des membres du Gouvernement de la Défense nationale. M. Thiers est nommé chef du pouvoir exécutif, en attendant qu'il soit statué sur les institutions de la France.

— 15 février. — Belfort, défendu depuis le 3 novembre par le colonel Denfert, ne capitule que sur les ordres du gouvernement. La garnison sort de la place avec armes et bagages.

— 1er mars. — L'Assemblée nationale adopte les préliminaires de paix, dont les principales dispositions sont : la cession, à l'Allemagne, de l'Alsace, de Metz et d'une partie de la Lorraine ; le paiement de cinq milliards de francs, dans le délai de trois années, à partir de la signature du traité ; l'occupation d'une partie de la France, aux frais de ce pays, jusqu'au paiement complet de la somme stipulée.

— 10 mars. — L'Assemblée nationale décrète son installation à Versailles.

— 13 mars. — Une convention additionnelle au traité de Paris du 18 mars 1856 est signée à Londres, sur la demande de la Russie ; elle annule la neutralisation de la mer Noire, interdisant à la Russie d'entretenir dans cette mer des navires de guerre.

— 18 mars. — Insurrection des bataillons fédérés de la garde nationale de Paris, qui, par un article de la capitulation, ont conservé leurs armes. Ils s'emparent des nombreux canons parqués à Montmartre, et installent un gouvernement révolutionnaire, sous le nom de Commune. — Le Gouvernement et les administrations de l'Etat se retirent à Versailles.

— 2 avril. — Les fédérés tentent un coup de main sur Versailles et sont repoussés. Les forts du Sud et de l'Ouest sont en leur possession, à l'exception du Mont-Valérien, pendant que les Prussiens occupent ceux du Nord et de l'Est.

— 6 avril. — Loi des otages décrétée par la Commune ; arrestation de l'archevêque de Paris, du président Bonjean, et de beaucoup d'ecclésiastiques.

— 11 avril. — Le maréchal de Mac Mahon prend le commandement de l'armée qui forme le siége de Paris insurgé.

— 10 mai. — Le traité définitif entre la France et l'Allemagne est signé à Francfort.

— 21 mai. — Après un siége de 50 jours, qui a conduit les troupes au pied des fortifications, elles s'emparent par surprise d'une des portes de Paris. Le lendemain 22, commence dans les rues de Paris, où les fédérés ont élevé de nombreuses barricades garnies d'artillerie, une bataille qui dure sept jours, et pendant laquelle les chefs de la Commune ordonnent le massacre des otages et l'incendie des principaux édifices et de beaucoup de maisons de Paris.

— 28 mai. — Fin de l'insurrection, qui est étouffée dans son dernier retranchement, au cimetière du Père-Lachaise.

— 13 août. — Le premier milliard de la contribution de guerre est payé ; les Allemands évacuent les forts et les départements autour de Paris.

— 31 août. — Elévation de M. Thiers à la Présidence de la République, par un vote solennel de l'Assemblée nationale.

— 14 septembre. — Inauguration du tunnel du mont Cenis, qui relie l'Italie et la France par une voie ferrée souterraine de 13 kilomètres.

— 27 novembre. — Première réunion à Rome du Parlement italien.

1872. — Janvier. — Acquisition, par l'Angleterre, des établissements hollandais de la Côte-d'Or de Guinée.

— Mars. — Mort de Juarez, président du Mexique.

— 13 mai. — Le pape Pie IX reçoit des témoignages de sympathie des diverses parties de l'Europe, à l'occasion de sa quatre-vingtième année, et de la vingt-sixième année de son pontificat.

— 14 septembre. — La réunion arbitrale de Genève fixe à 77 millions de francs l'indemnité que l'Angleterre devra payer aux États-Unis, pour les dommages causés au commerce de l'Union par le corsaire sudiste l'*Alabama*, armé dans les ports anglais.

— 18 septembre. — Mort du roi de Suède Charles XV, auquel succède son frère Oscar II.

1873. — 9 janvier. — Mort de l'empereur Napoléon III, à Chislehurst.

— 12 février. — Le roi Amédée, dont les efforts pour gouverner l'Espagne constitutionnellement ont été impuissants, abdique la couronne.

— 15 mars. — En conséquence des versements anticipés faits par la France, un traité, signé à Berlin, fixe au 1er juillet suivant l'évacuation des derniers départements occupés ; la ville de Verdun restera seule en nantissement jusqu'au 5 septembre, époque convenue pour la remise du dernier terme de paiement. — L'Assemblée nationale, en ratifiant ce traité, déclare que M. Thiers a bien mérité de la patrie.

— Mai. — Le Parlement prussien vote les nouvelles lois confessionnelles, qui étendent aux diverses communions chrétiennes le principe de la suprématie de l'Etat en matière religieuse. Ces lois concernent l'éducation et la nomination du clergé, ainsi que la discipline ecclésiastique.

— 24 mai. — M. Thiers se démet de ses fonctions de Président, à la suite d'un vote de l'Assemblée nationale, où une majorité de seize voix s'est prononcée contre la proposition du ministère d'organiser définitivement la République. L'Assemblée nationale lui donne pour successeur le maréchal de Mac Mahon.

— 25 mai. — M. le duc de Broglie constitue un nouveau ministère ; il est vice-président du conseil et ministre des affaires étrangères.

— 1er juin. — Inauguration de l'Exposition universelle de Vienne (Autriche).

— Juillet. — Fêtes à Paris et à Versailles en l'honneur du Chah de Perse, Nasser-Ed-Din.

— 7 octobre. — Ouverture des séances du conseil de guerre assemblé à Trianon pour juger le maréchal Bazaine. — Le 11 décembre, le conseil rend un jugement qui condamne l'accusé à la peine de mort et à la dégradation militaire. Cette peine, sur un recours en grâce signé par les membres du conseil de guerre, est commuée par le Président de la République en vingt années de détention, mais en laissant subsister les effets de la dégradation militaire.

— 19 novembre. — L'Assemblée nationale décide que les pouvoirs du maréchal de Mac Mahon, comme Président de la République, sont prorogés pour une période de sept années.

1874. — 2 janvier. — Coup d'Etat militaire à Madrid. M. Castelar, républicain modéré, placé par les Cortès, en septembre 1873, à la tête du gouvernement, est attaqué, au retour de l'Assemblée, sur sa politique énergique contre les révolutionnaires de Carthagène et du midi de l'Espagne. Il est battu par une majorité de cent vingt voix contre cent, et donne immédiatement sa démission. La République radicale triomphe. Aussitôt, le général Pavia, capitaine-général de Madrid, fait entourer l'Assemblée, et lui ordonne de se disperser. Un nouveau ministère est formé, sous la présidence du maréchal Serrano.

— 12 janvier. — Carthagène, dernier foyer de l'insurrection socialiste en Espagne, capitule.

— 23 janvier. — Le duc d'Edimbourg, second fils de la reine Victoria, épouse à Saint-Pétersbourg la grande duchesse Marie, fille de l'empereur Alexandre.

— 4 février. — Une expédition anglaise prend et détruit Commassie, capitale du royaume des Achantis, au nord de la Côte-d'Or, en Guinée. Ces barbares sont mis dans l'impuissance de continuer leurs excursions sur les territoires appartenant à l'Angleterre ou à ses alliés.

— 18 février. — M. d'Israéli, chef du parti conservateur anglais, forme un nouveau ministère ; il remplace M. Gladstone, chef du parti libéral, que de nouvelles élections ont placé en minorité dans le parlement.

— 18 avril. — Les restes de Livingstone, le grand voyageur anglais, mort en 1873 dans l'Afrique centrale, qu'il avait en partie découverte et explorée, sont inhumés à Londres, avec une pompe presque royale, dans l'abbaye de Westminster.

— 17 mai. — Démission du cabinet de Broglie, à la suite d'un vote de l'Assemblée nationale. Le 22 mai, le ministère est modifié. Le général de Cissey, ministre de la guerre, remplace M. le duc de Broglie à la vice-présidence du conseil ; le duc Decazes est nommé ministre des affaires étrangères.

— 29 juin. — Attaque infructueuse des troupes espagnoles contre la position carliste d'Estella ; le maréchal Concha, qui les commande, y trouve la mort.

— 10 août. — Dans la nuit du 9 au 10 août, l'ex-maréchal Bazaine s'évade de l'Ile Sainte-Marguerite où il était détenu.

— 12 septembre. — Mort de M. Guizot, à sa campagne du Val-Richer, en Normandie, à l'âge de 87 ans.

— 14 septembre. — Troubles à la Nouvelle-Orléans, causés par l'hostilité des blancs et des hommes de couleur. Les blancs se présentent en masse devant l'hôtel-de-ville, et en chassent le gouverneur, M. Kellog, homme de couleur, qui cherche un refuge auprès des troupes fédérales. Le général Sheridan, sur l'ordre du Président des Etats-Unis, rétablit le gouverneur dans ses fonctions. Suivant le rapport de ce général sur la situation de la Louisiane, depuis 1866, plus de 4,000 personnes ont été tuées ou blessées dans cet Etat, par suite des divisions politiques.

— 15 septembre. — Réunion à Berne, sur la proposition de l'Allemagne, d'un congrès postal international.

— 18 septembre. — Les troupes du Khédive occupent entièrement le Darfour, qui est réuni à l'Egypte. Le sultanat de Darfour comprend cinq millions d'habitants.

— 4 octobre. — Le comte d'Arnim, ancien ambassadeur de Prusse en France, de 1871 à 1873, est arrêté à Nashenheide, près de Stettin, dans sa propriété, sur l'inculpation de détenir des documents officiels appartenant à l'Etat, qui ont disparu des archives de l'ambassade à Paris. Un jugement rendu le 19 décembre, admettant des circonstances atténuantes, condamne le comte d'Arnim, par contumace, à trois mois de prison.

— 9 octobre. — Clôture du congrès postal de Berne. Les plénipotentiaires de toutes les puissances de l'Europe signent un traité qui réduit à un prix uniforme de 25 à 30 centimes le coût de la lettre simple du poids de 15 grammes, et de 10 à 15 centimes celui de la carte postale, à destination des pays contractants. La date du 1er juillet 1875 est fixée pour la mise en vigueur de ce traité.

— 15 octobre. — Annexion des îles Fidji (Océanie) à l'Angleterre.

— 29 décembre. — Le général Martinez Campos, à la tête de deux bataillons, proclame à Murviedro, province de Valence, le prince des Asturies, sous le nom d'Alphonse XII. Cet exemple est suivi par le général Laserna, commandant l'armée du Nord.

— 30 décembre. — Le capitaine-général de Madrid se déclare pour Alphonse XII. Le gouvernement donne sa démission, et le maréchal Serrano se retire en France. Un ministère de régence est formé sous la présidence de M. Canovas del Castillo.

1875. — 6 janvier. — Par une encyclique adressée aux évêques d'Allemagne, Pie IX condamne formellement les lois confessionnelles allemandes de mai 1873, contre lesquelles il avait déjà protesté par son encyclique du 21 novembre suivant.

— 9 janvier. Alphonse XII débarque à Barcelone, où il est reçu avec enthousiasme, et fait son entrée à Madrid le 14 janvier.

— 12 janvier. — Mort du jeune empereur de la Chine Tonng-Tché, dans la quatorzième année de son règne. C'était le huitième souverain de la vingt-et-unième dynastie chinoise, celle des Tsings. Il laisse le trône à un enfant de cinq ans

— 25 février. — L'Assemblée nationale de France vote les lois constitutionnelles qui organisent le gouvernement républicain, sous la présidence du maréchal de Mac Mahon, avec un sénat électif, et la faculté de révision ; la nouvelle constitution n'entrera en vigueur qu'après la dissolution de l'Assemblée. — M. Buffet, président de l'Assemblée nationale, est nommé ministre de l'intérieur, et vice-président du conseil, et M. Dufaure, ministre de la justice.

— 5 avril. — Grandes fêtes à Venise en l'honneur de l'empereur d'Autriche, qui est reçu dans cette ville, le 5 avril, par le roi d'Italie, entouré de la famille royale, et qui y passe trois jours.

— 7 mai. — La Russie reçoit du Japon l'île de Saghalian, en échange des îles Kouriles.

— 20 mai. — Une convention diplomatique est signée à Paris, pour l'unification internationale et le perfectionnement du système métrique Les principaux Etats de l'Europe et de l'Amérique conviennent d'instituer et d'entretenir à Paris un Bureau international des Poids et Mesures, où seront conservés et mis en rapport les types légaux du système métrique en vigueur dans chacun des pays contractants.

— 29 mai. — Expédition anglaise au pôle Nord. Départ de Portsmouth des deux navires l'*Alert* et le *Discovery*, frêtés par le gouvernement anglais pour atteindre le pôle Nord par la voie du détroit de Smith.

— Mai. — Lois d'exception en Prusse contre le clergé catholique et les ordres religieux. — Pendant l'année 1874, des évêques et des prêtres avaient été condamnés à l'amende ou à l'emprisonnement pour ne s'être pas soumis aux lois confessionnelles allemandes, subordonnant à la suprématie de l'Etat la discipline et l'enseignement religieux. Afin de vaincre la résistance du clergé catholique, le gouvernement prussien émet une loi qui prive de toute allocation budgétaire et du revenu des biens ecclésiastiques les évêques et les prêtres qui refusent obéissance aux lois confessionnelles. En outre, l'exclusion du territoire de la monarchie prussienne, déjà prononcée contre les jésuites, est étendue à tous les ordres et à toutes les congrégations de l'Église catholique. Ces nouvelles lois sont votées par les deux Chambres prussiennes.

— 23-25 juin. — Inondations terribles dans le Midi de la France; elles détruisent tout un quartier de la ville de Toulouse, et ravagent dix départements. Le nombre des victimes s'élève à près de mille, et les pertes matérielles sont évaluées à 80 millions de francs.

— 29 juin. — Meurt à Prague, où il habitait depuis son abdication, l'empereur Ferdinand Ier, oncle et prédécesseur de l'empereur d'Autriche actuel, François-Joseph Ier. Ses funérailles ont lieu le 6 juillet avec une grande solennité. Les princes héritiers d'Allemagne, de Russie et d'Italie y assistent.

— 15 juillet. — Ouverture d'une Exposition géographique universelle à Paris. Un congrès géographique réunit les savants de toutes les parties de l'Europe.

— 18 juillet. — Arrivée du sultan de Zanzibar à Paris, où il séjourne dix jours.

— 23 juillet. — Début du mouvement insurrectionnel dans l'Herzégovine, province de la Turquie d'Europe ; la question d'Orient est soulevée de nouveau.

— 5 août. — Le centième anniversaire de la naissance de Daniel O' Connel, l'émancipateur du catholicisme en Angleterre, est célébré à Dublin, en présence du lord-maire de cette ville, et au milieu d'un concours de six cent mille personnes.

— 1er septembre. — En exécution d'un décret du Khédive, le calendrier grégorien est adopté par l'administration égyptienne, à dater de ce jour.

— 7 octobre. — La Turquie réduit, pour cinq années, le paiement de ses coupons à la moitié de leur valeur ; l'autre moitié sera capitalisée et représentée par un titre de rente portant intérêt.

— 12 octobre. — Le prince de Galles s'embarque pour l'Inde anglaise, où l'attend un triomphal accueil. Son voyage doit durer six mois.

— 29 octobre. — Visite de l'empereur Guillaume au roi Victor-Emmanuel. L'entrevue a lieu à Milan, où l'empereur d'Allemagne est fêté pendant quatre jours par le roi d'Italie.

— 15 novembre. — Le lieutenant Cameron, de la marine

royale anglaise, après avoir, le premier, traversé l'Afrique centrale, arrive à Saint-Paul de Loanda, chef-lieu des Etablissements portugais de la Guinée méridionale. Parti de Zanzibar, sur l'Océan Indien, en février 1873, avec une escorte de trois cents arabes, il a accompli en deux ans et demi ce voyage de 2,300 lieues, et atteint, avec 50 hommes seulement, la côte de l'Océan Atlantique.

— 26 novembre. — L'Angleterre acquiert, moyennant cent millions de francs, les 177,000 actions du canal de Suez, que le Khédive possédait.

— 17 décembre. — Adhésion de la France, par un vote de l'Assemblée nationale, à la réforme judiciaire en Egypte. Des tribunaux mixtes, composés d'étrangers et d'indigènes, remplacent les juridictions nationales que les anciennes capitulations assuraient aux résidants étrangers.

— 31 décembre. — L'Assemblée nationale française, qui siégeait depuis février 1871, se sépare définitivement, après avoir fixé la date du 8 mars 1876 pour la réunion des nouvelles Chambres.

TABLE DES MATIÈRES

A.

B.

C.

D.

E.

F.

G.

VERSAILLES. — TYP. CERF ET FILS, 59, RUE DU PLESSIS.

www.ingramcontent.com/pod-product-compliance
Ingram Content Group UK Ltd.
Pitfield, Milton Keynes, MK11 3LW, UK
UKHW020243180726
13839UKWH00001B/148